JN075127

学校の生成AI実践ガイド

先生も子どもたちも
創造的に学ぶために

特定非営利活動法人
みんなのコード 編著

学事出版

まえがき

　このたびは「学校の生成 AI 実践ガイド」を手に取ってくださり、ありがとうございます。

　皆さんは、「生成 AI」にどんな印象をお持ちですか?

　私が初めて生成 AI に触れたのは2022年の冬ごろでしたが、「これは新しい時代がくる!」とすごくワクワクした気持ちになりました。そして、これを学校現場で取り入れたら、子どもたちがどんな創造的な学びができるようになるんだろうと思いめぐらせました。

　近年、情報技術の進歩が私たちの生活や学びの在り方に大きな影響を与えています。学校教育においては、2020年度から小学校でプログラミング教育が必修化され、これに続き中学校や高等学校でも情報教育が拡充されました。2025年には大学入学共通テストに「情報」科目が導入される予定です。これらの変化は、教育現場における情報技術の重要性を示しており、新しい時代の到来といえます。

　さらに、2022年末から、本書のテーマでもある生成 AI サービスが世界中で大きな話題となりました。先日、ラスベガスで開催されたコンピューターサイエンス教育に関する国際カンファレンスに参加したのですが、教育における大きな変化として AI の話題が挙がりました。日本は、文部科学省が2023年7月に「初等中等教育段階における生成 AI の利用に関する暫定的なガイドライン」を公表しましたが、参加国と比較すると、先駆けて公教育における在り方を議論しようと取り組んでいることに気づきました。

　私は、生成 AI に関する動きは、日本の情報教育を進める起爆剤であると感じています。単に新しいテクノロジーというだけではなく、子どもたちの

創造性や思考力を育むための重要な手段であると考えているからです。そのため、みんなのコードは、小中高それぞれの学校種において、生成AIの活用に関する実証研究に取り組んでいます。

　今回、生成AIの活用や取り扱いについて悩んでいる先生方に

・生成AIを安心して使ってもらえるようにサポートしたい
・生成AIに関して先生方の道標になりたい

そんな思いから書籍を出版しました。先生方が生成AIを含むテクノロジーの進化を恐れることなく、積極的に触れながら子どもの学びの質を高めるお手伝いができれば嬉しいです。

　さて、みんなのコードは、「誰もが創造的に楽しむ国にする」というビジョンを掲げています。私たちが最も大切にしている問いは、果たして「誰も」に届けられているか、ということです。特に、テクノロジー分野においては大きなジェンダーギャップが認められるため、みんなのコードの活動においては、女性の先生や女子生徒がどのように受け取り、学びを深めていくかという観点も重視しています。本書でも、皆さまとともに深めていきたいと考え、ご紹介しています。

　最後になりますが、この本を執筆する過程で、千葉県印西市立原山小学校、石川県加賀市立橋立中学校、鹿児島県立奄美高等学校からご協力をいただいたおかげで、学校現場での実例を通じて具体的な教育の進化を示すことができました。これらの学校の皆様には、実証研究へのご協力だけでなく、事例の掲載もご承諾いただき、深く感謝しています。

特定非営利活動法人みんなのコード　代表理事

利根川　裕太

CONTENTS ─────────────────────────────

第1章 「生成AI」って何?

「AI」とは何なのか?／アルファ碁(AlphaGo)から注目され始めたディープラーニング／日本とアメリカで異なる「AI像」／ChatGPTは「強いAI」?「弱いAI」?／AIはどのようにつくられる?

AIが得意な3つの処理＋1つの学習／同じ指示でも回答内容が変わる生成AI／ChatGPTの仕組み／AIに人格があると「錯覚」させるイライザ効果／生成AIはなぜ注目された?／各社ごとのLLM サービスに違いはある?

生成AIの定義／生成AIが得意なこと／LLMが苦手なこと

生成AIの問題点／「無意識の偏見」を防ぐには

生成AIが与える教育現場への影響／新たなデジタル・ディバイドを防ぐには

第2章 「生成AI」は学校教育とどう関わるの?

第3章 「生成AI」を学校でどう活用する?

CONTENTS

第1章

「生成AI」って何？

1 「AI」を知る

▌「AI」とは何なのか？

　「AI」とは、Artificial Intelligence（人工知能）という言葉の略語です。AIという言葉自体は1956年に開催されたダートマス会議に遡ります。この会議により、人工知能という学術研究の分野が確立されました。ここでは「知的な機械、特に知的なコンピュータプログラムを作る科学と技術」をAIの定義としており、大まかにいえば「コンピュータに人間のようなことを行わせようとする」分野として、常に新しい挑戦が行われてきています。

　ただし、現代ではAIの定義は研究者によってかなり揺れています。総務省の情報通信白書によると、識者の中でも「人工的につくられた、知能を持つ実態」「人の知的な振る舞いを模倣・支援・超越するための構成的システム」「人間の頭脳活動を極限までシミュレートするシステム」など、研究者によって定義が大きく異なっています。

　そもそも「知能」や「知性」という語自体、確立された定義がありません。それを人工的につくる（人工知能）となると、あやふやな定義の上にあやふやな定義を重ねることになってしまい、確固たる定義を決めきれないという部分もあります。

▌アルファ碁（AlphaGo）から注目され始めたディープラーニング

　実は今回のようなAIブームは過去に3回あり、現在は第3次AIブームにあたります。1950年代後半からの第1次AIブームでは、迷路の解き方や数学の定理の証明など特定の問題に対して回答できるようになり、1980年代の第2次AIブームでは専門家の意思決定をAIが模倣する「エ

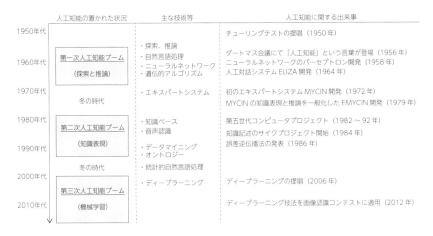

	人工知能の置かれた状況	主な技術等	人工知能に関する出来事
1950年代			チューリングテストの提唱（1950 年）
1960年代	第一次人工知能ブーム（探索と推論）	・探索、推論 ・自然言語処理 ・ニューラルネットワーク ・遺伝的アルゴリズム	ダートマス会議にて「人工知能」という言葉が登場（1956 年） ニューラルネットワークのパーセプトロン開発（1958 年） 人工対話システム ELIZA 開発（1964 年）
1970年代	冬の時代	・エキスパートシステム	初のエキスパートシステム MYCIN 開発（1972 年） MYCIN の知識表現と推論を一般化した EMYCIN 開発（1979 年）
1980年代	第二次人工知能ブーム（知識表現）	・知識ベース ・音声認識	第五世代コンピュータプロジェクト（1982 ～ 92 年） 知識記述のサイクプロジェクト開始（1984 年）
1990年代		・データマイニング ・オントロジー	誤差逆伝播法の発表（1986 年）
2000年代	冬の時代	・統計的自然言語処理 ・ディープラーニング	ディープラーニングの提唱（2006 年）
2010年代	第三次人工知能ブーム（機械学習）		ディープラーニング技法を画像認識コンテストに適用（2012 年）

（出典）総務省「ICT の進化が雇用と働き方に及ぼす影響に関する調査研究」（平成 28 年）

キスパートシステム」が注目されるなど、それぞれ革新的な発見で盛り上がったあと行き詰まるという流れを繰り返してきました。

　2000年代から現在まで続く第3次 AI ブームではディープラーニング（深層学習）が盛り上がりを見せました。一般にも注目されるようになったのは、米 Google の子会社 DeepMind が発表した囲碁 AI「AlphaGo」の存在が大きいです。それまでも、将棋やチェスなどを打つ AI はありましたが、囲碁については AI が人間より強くなるのは難しいと思われていました。

　ところが2016年に、当時世界最強の囲碁棋士とうたわれたイ・セドルに勝利したことでメディアでも大きく取り上げられ、とうとう人間のような AI が形になるのではないかといわれるようになりました。また画像の内容を判別するなどディープラーニングを使って行う分野も、人間以上の精度を達成するなど大きく進歩し、スマートフォンから工場機械までさまざまな分野で AI の利用が進みました。

　その後もディープラーニングはさまざまな用途に利用され、指示を元に新しい画像をつくり出したり、質問文に対して非常に自然な回答文を生成す

ることが出来るようになりました。それまでは囲碁の次の一手、のような小さなデータを出力していた AI が画像、文章、音声や動画などさまざまな大きなデータを出力するようになりました。このような分野が生成 AI と呼ばれ、2022年11月の ChatGPT の登場以降、さらに多くの人に知られるようになりました。こうした状況を指して第4次 AI ブームに入ったと表現する研究者もいます。

▎日本とアメリカで異なる「AI 像」

　総務省が実施したアンケートによると、人工知能（AI）のイメージが日本とアメリカで異なるということもわかってきました。情報通信白書に掲載されたデータによると、日本ではチャットボットや Pepper（ペッパーくん）のような「コンピュータが人間のように見たり話したりするもの」を AI とみなす傾向が強く見られました。

　一方アメリカでは、画像や文章を見分けるといった「人間の脳や認知判断などの機能を実現する」技術、つまり人間の感覚をコンピュータで処理・再現するというイメージに加え、学習や推論判断などにより「新たな知識を得る」技術というイメージが突出しています。後者は、いわゆるビッグデータに相当するもので、何か新しい画像データを読み込んだときに「この画像が表しているものは犬なのか猫なのか」を分類するといった、データをもとに新たな動作を行うというものです。

　日米で AI に抱くイメージは異なりますが、どちらも AI の特徴にあてはまるものです。私たちが AI と聞いて思い浮かべるのは ChatGPT のような「コミュニケーションをとれるもの」というイメージが強いですが、実際の AI は画像処理やデータ処理などにも非常に強いということは理解しておきたいところです。

　画像を認識して検品などを行う AI は一昔前から工場などでも使われていますし、実は歴史の長い領域です。ChatGPT をはじめとする生成 AI につ

いても、AI 全体からすると一つの分野といえます。

▎ChatGPT は「強い AI」?「弱い AI」?

AIについての話をしていると「AIは人間のように意識を持っているのか?」「AI が人間の手を離れて人間に危害を及ぼすのでは?」といった疑念が出ることがありますが、これはまだ先の未来の心配といえます。この問題を知る上では1980年にジョン・サールという哲学者が発表した AI の定義にある「強い AI」「弱い AI」という言葉が有用です。

今のところ ChatGPT をはじめとした既存の AI はすべて、テキストを生成したり、カメラの画像から不良品を見つけたり、チェスや囲碁を行ったりと特定のタスクを処理するだけの「弱い AI」です。

一方で、人間のように意識があって、自律思考ができる AI は「強い AI」と呼ばれます。「強い AI」は「汎用人工知能(AGI)」と呼ばれ、まだ研究段階で実現していません。生成 AI などで利用されている技術が発展していけば AGI の実現につながるかもしれない、どのように AGI を目指していくかという議論を目にすることもありますが、これは時間軸が違う話題ということになります。

AGI が完成すれば、AGI 自身がさらに優れた AI をつくり出すこともできるため、人間が関与する必要がなくなります。これが AI におけるシンギュラリティと呼ばれる話題です。提唱者であるレイ・カーツワイル博士が2005年に出版した書籍『シンギュラリティは近い』では、シンギュラリティに到達するのは2045年と予測されています。

抽象的な議論においては、「AI」という単語が「強い AI」と「弱い AI」のどちらを指しているのかがあいまいになることがあるので、この点は注意が必要です。シンギュラリティの発生が10年後になるのか30年後にな

るのか、あるいはさらに早まるのかはまだわかりませんが、「AIが人間の職を奪う」という言説は現時点では飛躍した話です。

▎AIはどのようにつくられる？

　現在AIと呼ばれているものは、基本的に「機械学習」というプログラミングの手法を使って処理を行っており、さらにその中でも「ディープラーニング」と呼ばれる大規模な計算処理と、大量のデータを活用してつくられています。文章や画像などの生成AIはもちろん、産業分野で使われているAIも多くがディープラーニングでつくられています。

　そのため、今話題になっているChatGPTのような生成AIサービスやAI機能のあるモバイルアプリのほとんどはディープラーニングが使われているといえますが、「ディープラーニングでつくられたもの＝AI」というわけではありません。朝だったら「おはようございます」、夜だったら「こんばんは」と返す一般的なプログラミングの分岐命令でつくられたルールベースのプログラムでも、状況に応じて十分に賢く振る舞えればその最新性をアピールする意味合いでAIという名前で提供されていることがあります。一方で、機械学習を利用していても一般に定着した機能はAIと呼ばれなくなる傾向があります（AI効果）。例えばZoomなどのビデオ会議システムになるバーチャル背景機能はディープラーニングの分野といえますが、AIと呼ぶ人は少ないでしょう（AI効果）。

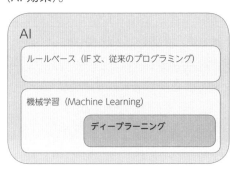

2 AI の特徴と仕組み

▌AI が得意な3つの処理＋1つの学習

　AI の研究は論文の形で公開されることが多く、同時に実際に動作する AI が公開される場合もあります。AI に関する論文公開には arXiv（アーカイブ）という海外の Web サイトがよく利用されています。また Hugging Face という研究者、開発者向けのコミュニティサイトには誰でも利用できる形でさまざまな AI が公開されています。このサイトではどういう手法があるかというカタログのようなものが掲載されており、そこに Meta や Google、Microsoft のような大企業や研究機関に所属する研究者が考案した手法も公開されています。この Hugging Face でも掲載されているタスクのうち、4つの代表的なタスクが AI の得意な処理だといえます。

①画像処理

　画像に写っているものが犬か猫か見分けるといった画像の分類や、例えばスマートフォンで写真を撮るときに、顔の部分にオートフォーカスを当てるといった「画像に何が写っているか」を判断する画像処理領域です。画面のどこに顔があるかといった、画像の中身から特定の内容を見つけるというのは AI が得意とする処理です。これは従来のプログラミングだと非常に難しかったのですが、AI が発展したおかげで、画像に対して高度な処理ができるようになりました。

②音声処理

　大抵のスマートフォンやスマートスピーカーには「話しかけて操作する」という機能がついていますが、こうした音声の内容を認識することも AI が非常に得意としている領域です。また、最近のビデオ会議ソフトには大抵ついているノイズ削減機能も AI による処理が行われています。同じく、テキ

ストを人間がしゃべったような音声に変換するという音声生成処理も非常に得意な分野です。また最近はまるで本人がしゃべっているような声を維持したまま日本語でしゃべっている音声を英語でしゃべっている音声に変えるといったものも登場しました（動画生成 AI）。

③自然言語処理

　文章の内容を分析して、種類ごとに分類したり、長い文章から要約を行うといったような処理です。以前から研究されていた分野ですが、ディープラーニングによりさらに発展しています。例えば、投稿した記事をジャンルやカテゴリーを認識して自動的に分類したり、記事の内容がポジティブかネガティブかを見分けてネガティブなものは表示しないようにしたりすることも可能です。SNS に犯罪予告などの書き込みをするとアカウントがロックされることもありますが、こうしたところにも AI が活用されています。また Google 翻訳や DeepL のようなコンピュータを利用した文章の外国語への翻訳もディープラーニングで機能が向上しました。

　ChatGPT などの大規模言語モデル（以下 LLM）は、インターネット上の大量のテキストデータから言語のパターンを学び、人間のように文章を理解し生成する人工知能技術です。この技術は自然言語処理に基づき、文章の作成や質問への回答など様々な用途に応用されています。ChatGPT のように、質問文に対して回答を生成する「会話」も自然言語処理になります。

④強化学習

　他の3つとは性質が異なりますが、一定のルールや環境に応じて AI が自動的に最適な行動を判断して実行できるように学習させる手法です。AlphaGo のような、ゲームをプレイする AI が代表例です。クルマの自動運転のような機械などの自動制御でも活用されています。

　「強い AI」の実現には強化学習がとても重要な技術になると期待され

ています。また、ChatGPTにおいても人間が不快に感じない回答を選択するために使われています。強化学習は、今後のAIの発展を考える上でよく出てくるキーワードだといえます。

▍同じ指示でも回答内容が変わる生成AI

　生成AIは、あくまで事前の学習したデータを元に予測したものを生成するため、場所や物事・人物に関することは間違っている可能性があったり（ハルシネーション）、生成される内容が都度変わったりします。Googleなどの検索エンジンでは、検索するたびに検索結果が変わるということはありませんが、生成AIに関しては同じ条件・同じ指示内容でも結果が変わる場合がほとんどです。

　そのため、何かを知りたいときに検索手段としてLLMを使うと誤った情報が返ってくることもあります。また、ChatGPTに出典を要求しても架空のWebサイトや文献を挙げることもあるので、この点は注意が必要です。ChatGPTの有料版である「ChatGPT Plus」にはブラウジング機能やプラグイン機能があり、これらの機能を利用すると質問に対して回答する前にWeb検索などを行って出典のある回答を生成できます。

　他にも質問に対する回答の出典を教えてくれるPerplexity AIというWebサイトもありますし、MicrosoftのCopilot（旧Bing）やGoogleのBardといった検索エンジンと連携したLLMは自動で出典となるWebサイトを提示する機能があり、今後も発展していきそうです。いずれにせよ、提示されたインターネット上のページに書かれている内容が必ず真実だというわけでもありません。利用者が自分の責任で、情報の発信者や信用性を確認して判断するという、リテラシーの部分はインターネット検索でも生成AIでも変わりません。

　生成AIが登場する以前からのことですが、「書かれていることが正しい

のか」を検証するファクトチェックも含め、インターネットリテラシーがとても
大事になります。LLMはとてもしっかりした口調で流暢に教えてくれるので、
その分野において豊富な知識があるように思い込みやすいのですが、LLM
の仕組み上「間違っている情報が出力されることがある」という姿勢で、
批判的にチェックすることは欠かせません。

▌ChatGPT の仕組み

　ChatGPTは2022年11月に公開されましたが、ベースとなっているGPT
という大規模言語モデルは2018年に公開されたものです。それが改良さ
れて GPT-2、GPT-3と進化して、チャット形式で利用できるようにつくられ
たのが ChatGPT です。ChatGPT は一般にも広く注目が集まりましたが、
AI分野のトピックを追っている人々からすると、ずっと存在していた「GPT」
がチャット形式になってブレイクしたという認識です。

　GPT自体は「そこまでに与えられた文章の続きを予測する」ことが役割
です。例えば「今日の天気は」という文章を与えられたら、その次に来る
のは「晴れ」なのか、それとも「おにぎり」なのか、「雨」なのかといった
ような、学習に使ったデータの中から一番現れそうな「続き」を推測してい

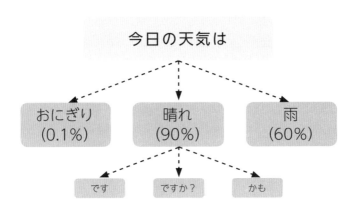

ます。「晴れ」が最も確率が高そうであれば「晴れ」を出力し、次は「今日の天気は晴れ」に続く文章を予測します。このように推測を繰り返しながら文章をつくっていくというものです。ChatGPTなどの対話型AIを利用すると、まるで人間が打ち込んでいるように文章が少しずつ表示されますが、これは見た目上の演出ではなく、実際に予測した内容を都度表示しながら長い文章をつくっているからです。

　GPTも最初から今のように会話ができたわけではなく、公開当初は今ほど性能が良くありませんでした。あくまで続きを予測しているだけなので生成した文章の内容も詳細ではなく、会話もそこまで流暢ではありませんでした。

　ChatGPTでは、GPT-3を「どうやって会話しやすくするか」という視点からの改良が施されました。主な改良点は以下の3つです。

①膨大な量のデータの読み込み

　GPTは改良を重ねていく中でそれまで以上に膨大な文章を読み込み、学習を行いました。データ量が膨大になり、GPUと呼ばれる装置をもった強力なコンピュータでしか処理できなくなるという欠点もありますが、規模が大きくなるほどにそれまでできなかった高度な文章の理解や、計算などができるようになりました。大きく性能が上がりましたが、この段階では会話形式で質問に答えることがうまくできなかったり、インターネット上にある悪いデータも読み込んでしまい、例えば悪い言葉遣いや差別的な内容が出てきてしまったりといったことがありました。

　この段階のGPTはそのままでは会話などはできませんでしたが、追加のデータや細かい指示を与える事で特定の用途の処理に応用するといった利用が想定されていました。

②指示文とそれに対する模範解答の学習

　次にGPTに対して与えられた質問に回答する、文章を翻訳するといった人

間の指示に応えるためのファインチューニングという調整が行われました。実際に、GPTに行わせる作業の指示文とそれに対する模範解答を準備したデータを元に学習が行われました。これによりそれまでは文章の続きを予測するだけだったモデルが指示に答えられるようになりました。

③不適切な回答の調整

　これまで学習の過程で、GPTは虚偽の回答や悪い言葉遣いといった「適切ではない応答」をすることもありました。そこで次に行われたのが強化学習です。質問に対してGPTがどう回答したかをデータとして収集し、GPTが回答したデータに対して人間がランク付けを行ってどの回答が一番良かったかを評価するという手法をとりました。

　この学習により、人間に好まれる回答をするようになった上、ただ質問に答えるだけではなく丁寧な言葉遣いをしたり、センシティブな話題のときは前置きをするようになったりと非常に配慮された動きをするようになりました。この手法は「人間のフィードバックによる強化学習（Reinforcement Learning from Human Feedback）」と呼ばれています。

▎AIに人格があると「錯覚」させるイライザ効果

　どんな質問にも愛想よく答え、流暢に日本語を操るAIと会話していると、まるでAIに人格があるかのように感じることがあります。こういった現象は「イライザ効果」と呼ばれ注意が必要です。イライザ効果は1966年に発表された会話型プログラム「イライザ」の開発において、イライザと対話した被験者が「イライザには人格がある」と錯覚したことから名付けられました。

　この問題は今まさにChatGPTで起こっていることです。AIと対話していると、自分がコミュニケーションをとっているAIが実在の「親切な人」であるかのように錯覚してしまいます。

実際は過去のデータをもとに推論した文章を、なるべく丁寧な形で返すようにしているだけの機械にすぎません。しかしそこに人格があるかのように感じてしまうと、生成されたテキストの情報を鵜呑みにしてしまいかねないのです。

一歩引いて考えればあくまでただの機械であり、Google 検索などと同じように自分自身が情報の真偽を判断して使っていけばいいのですが、そういうふうに思いづらくなる瞬間があることには注意が必要です。常に「一歩引いて考える」という意識を頭に置くことが、正しい向き合い方だといえます。

▌生成 AI はなぜ注目された？

AI 技術の中でも、生成 AI が新時代の技術として注目されるようになった背景として以下の2点があります。

① フェイクニュース

技術の進化によって、GPT がつくったデタラメなニュースが人間が書いたニュースと見分けがつかないレベルで生成できるようになってしまったため、GPT-3以降はフェイクニュースへの対応が重要視されました。その結果、GPT の具体的なつくり方や中身を公開しなくなりました。一方で、こうした非公開化は巨大企業による市場の寡占につながってしまうという意見もあります。

ポジティブに考えれば、人間が書いた文章と見分けがつかないレベルの文章がつくれるようになったという高度な進歩を果たしたのですが、それによって新たな懸念が生まれたのです。同時期には、AI が存在しない有名人の画像などをつくり出す「ディープフェイク」も問題となり、AI が非常に精度の高いデータをつくれることが知られるようになりました。

②「炎上」の回避

　ChatGPT についてはプロジェクトがインターネット上で炎上（非難が殺到）しなかったことも特筆すべき点です。これまでにもさまざまな企業が会話できる AI を公開してきましたが、ChatGPT の登場まではそのいずれも炎上して中断するという状況がずっと続いていました。

　例えば、かつて Microsoft が開発したおしゃべり AI「Tay」は、当時の Twitter 上で不適切な発言を繰り返したことですぐに公開停止となりました。しかし ChatGPT に関しては、人間のフィードバックによる強化学習の成果で不適切な振る舞いをすることもなく、センシティブな内容を適切に警告するなどユーザーフレンドリーなサービスだったため、炎上せずに一般的に認知されるようになりました。

　ChatGPT の開発元である OpenAI はジェンダーバランスも含め高い倫理観をもつよう注意を払っているとされ、ChatGPTの開発責任者（CTO）もミラ・ムラティという女性が務めています。これは男性が多いテクノロジー業界ではかなり珍しいことで、それ故に一歩進んでいるのではないかと思います。

　これと比べると、例えばGoogleの提供するLLM「Bard」や、Microsoftの「Copilot」は OpenAIと同じ言語モデルを使っていますが、「丁寧さ」においては現時点ではまだ ChatGPT に追いついていないと感じます。

┃ 各社ごとの LLM サービスに違いはある？

　LLM の性能をどう比較するかは難しい問題ですし、AI の性能を比較するためのベンチマークやどの AI が優れているかという研究もたくさんあります。利用者数で言えば圧倒的に ChatGPT が多いですが、どの AI も日進月歩なため、一概にどこが優れているというのは難しいところです。

ただし、Google や Meta、OpenAI、Microsoft といった大手企業が公開しているものはかなり表現への配慮がされています。

　機能レベルで言えば、例えば Bard や Copilot は質問への回答と検索を同時にしてくれるとか、検索結果を要約して教えてくれるといった機能があります。一方でChatGPT にはプラグインという機能があり、例えば「食べログの中からお店を探してきて、まとめて教えてくれる」といった ChatGPT だけではできないことができるようになる機能がついているので便利に使えるという違いはあります。

　ですから、実際に教育現場で活用する際には「何に使うのか」「どう使うのか」によって、どのサービスを使うのかを自分自身で判断していくことが、最も正しい使い方だといえます。その際、利用規約が各社で違うことも判断軸の1つに置くとよいでしょう。どのサービスも「会話できる AI」を提供しているという意味では同じですが、利用条件が異なっているので、例えば学校現場で使うということであれば、その学校段階に適したものを使う必要があります。このあたりは文科省のガイドラインなどを見ながら、自分自身で判断することが求められます。

【参考2】主な対話型生成 AI の概要

	ChatGPT	Bing Chat	Bard
提供主体	OpenAI	Microsoft	Google
利用規約上の年齢制限	13歳以上 18歳未満の場合は保護者同意	成年であること 未成年の場合は保護者同意	18歳以上
利用料	GPT3.5の場合は無料 GPT4の場合は20米ドル／月	無料	無料
プロンプトの機械学習の有無	有 ※機械学習をさせないようにする設定が可能	デフォルトで機械学習をさせない設定	有 ※機械学習をさせないようにする設定が可能
準拠法	米国カリフォルニア法	日本法	米国カリフォルニア法
管轄裁判所	米国カリフォルニア州 サンフランシスコ郡内の裁判所	日本	米国カリフォルニア州 サンタクララ郡内の裁判所

(出典) 文部科学省「初等中等教育段階における生成AIの利用に関する暫定的なガイドライン」

3 生成 AI の得意・不得意

▍生成 AI の定義

文章や画像、音楽などさまざまなものをつくり出せる生成 AI に対して、以前からあった AI を分析（アナリティカル）AI といいます。分析 AI はデータをもとに画像を分類したり、売り上げを予測したりといったシンプルなデータを返すものが多かったのですが、生成 AI はその回答自体が1つのコンテンツといえるほど大きなデータを出すことができるという点が大きな違いです。

今でこそ生成 AI が注目されていますが、音声合成や画像生成は2022年の生成AIブームの以前からすでに数多くのサービスや製品が存在していました。2022年夏には Stable Diffusion という画像生成 AI が出てきたことで「生成 AI」という言葉に注目が集まり、ChatGPT でテキストの生成がとても注目されたことで生成 AI が社会的な関心となったという流れがありました。

実態としては AI にあるさまざまな分野の中に、生成 AI という領域があるという形です。

▍生成 AI が得意なこと

生成 AI は文章と画像が大きく取り上げられていますが、例えば動画を生成できるものは既に存在しています。クリエイティブな現場でも生成 AI が活用されることが増えており、ザ コカ・コーラ カンパニーなど大企業のCM制作に生成 AI が使われたケースもあります。他にも3D データやデザインも AI からつくれるようになっています。

これからは検索や翻訳といった事務作業をするときの必須ツールになる

のは間違いないでしょう。例えば文書の要約やリライトのような処理は得意ですし、文章の校正などもできます。そういったものに関しては当然のように使われていくと思います。

　プログラミングも非常に得意な領域です。例えばサイバーエージェントが公開した事例では、Microsoftが提供しているGitHub Copilotというプログラミングを補助するAIを大々的に使っていて、AIが提案するプログラムのうち30％ぐらいが採用されているため、かなり作業が効率化されていることが見て取れます。私たちの周辺でもプログラミングの作業や調査をする際にAIを使っている人は非常に多いです。今後はプログラミング作業の補助的な役割を果たしていくケースもどんどん増えていくと思います。

　似たような例で、Excelのような表計算ソフトのマクロや式の作成にも生成AIが活用できます。どういうことをしたいかを伝えると、しっかりと動くコードを書いてくれることが多いので、表計算に慣れていない人にとってはわかりづらいポイントを解決してくれます。

　行政でも生成AIを活用しようという動きが出てきており、例えば横須賀市では2023年4月からChatGPTの活用が進んでいます。主に文書案の作成や要約・構成、アイデア出し、Excelの関数コード生成などに使われています。行政がどのような作業に使っているかというのは教育現場においてもかなり参考になると思います。

ChatGPTなどの利用開始を公表した自治体（2023年8月時点）

正式導入	東京都、栃木県、福島県
試験導入	22都道府県
検討中	22都道府県

（出典）「全国47都道府県庁のChatGPT活用は「東高西低」、半数超えの25都県庁が活用していた！」
https://prtimes.jp/main/html/rd/p/000000002.000125228.html

LLM が苦手なこと

　LLMは大量のデータを学習・分析して、それをもとに次の回答を予測するのが基本的な仕組みなので、インターネットに情報が多い話題は得意です。ですから、プログラミングのような情報技術には強みをもつ一方、インターネットに情報がないローカルな話題やそのAIが学習したデータ以降の出来事に対しては明らかに弱いです。各社のAIも順次、より新しいデータを学習したモデルを公開していくと予想されますが、タイムラグがある事は気をつける必要があります。

　ビジネスなど具体的な用途に対してLLMを使う際には、インターネット上から学んだデータとは別に追加のデータも与えるというやり方をとる企業もあります。例えば社内文書や過去の裁判例のデータなどをデータベースにしておき、そのデータベースと言語モデルを接続して内部検索をかけたりするRAG（Retrieval Augmented Generation）という手法です。特定の目的をもって使用するものに関しては、そういうオーダーメイドのシステムをつくることが多いです。

　ChatGPTでできるレベルのことで言えば、WebPilotプラグインのような機能を使うとURLを与えてその内容に基づいた回答を生成し、ハルシネーションの発生を抑制できます。他にもURLだけではなく添付ファイルなどをアップロードしてその内容について質問することもできます。

　ビジネス領域では社内のFAQのような大きなドキュメントを与えて、それをベースに質問を受け付けたり、一般に公開されていないデータをLLMに与えた上でその内容について要約させたりという使い方も多いです。とはいえ、非公開のデータなどの機密情報をどこまでAIに扱わせていいのかという議論は欧米を中心に活発に行われており、特にEUの規制は非常に厳しいものとなっています。

You
下記のサイトの内容の主なポイントと考察は？
https://www.metro.tokyo.lg.jp/tosei/hodohappyo/press/2023/08/23/14.html

ChatGPT

使用した **WebPilot** ⌄

東京都のウェブサイトに掲載された記事「文章生成AI利活用ガイドライン」の策定についての主要なポイントは以下の通りです：

1. **目的**: 東京都は、職員向けに文章生成AIの利活用に関するガイドラインを策定しました。このガイドラインの目的は、文章生成AIに関する利用上のルールを定め、効果的な活用事例を掲載することです。これにより、職員が新しい技術を正しく使いこなし、行政サービスの質を高め、都政のサービス品質（QOS）を向上させることを目指しています。
2. **概要**: ガイドラインには、文章生成AIの特徴、利用環境、利用上のルール、効果的な活用方法、今後の展望などが含まれています。
3. **公表資料**: このガイドラインは、デジタルサービス局のホームページから閲覧可能です。
4. **その他**: ガイドライン策定にあたり、有識者からの意見も参考にされました。

考察:

* **技術の適応**: 東京都がAI技術を積極的に取り入れ、行政サービスの効率化と品質向上を図る姿勢が見て取れます。
* **ガイドラインの重要性**: 新しい技術の導入にあたって、利用上のルールや効果的な活用方法を定めることは、技術の適切な利用と誤用の防止に非常に重要です。
* **将来の展望**: このような取り組みが、他の地方自治体や組織にも影響を与え、AI技術のさらなる普及と適切な利用の促進につながる可能性があります。

Is this conversation helpful so far? 👍 👎 ✕

WebPilot プラグインを利用して外部サイトについて質問をする例

4 生成 AI の懸念点

▍生成 AI の問題点

　生成AIが作った文章に書かれていることが真実であるという保証は基本的にないので、その前提に立って必要な確認・修正をする必要があります。その上で、文章の利用にあたっては著作権の視点からも注意すべき点が2つあります。

①学習元データに著作物が含まれていないか？

　画像や動画を生成する AI では特に顕著なのですが、その AI の学習する元のデータの中に著作物が含まれていないかという問題になります。例えば既存の漫画のキャラクターや有名人の名前がそのまま出てくることがあります。著作権がある画像が学習に使われているという問題です。

　著作権法第30条の4（著作物に表現された思想又は感情の享受を目的としない利用）に関わる問題なのですが、内閣府の資料によると、「必要と認められる限度」を超える場合や、情報解析用に販売されているデータベースの著作物を AI 学習目的で複製するなど、「著作権者の利益を不当に害することとなる場合」を除けば、著作権法上は AI の学習データに著作物を使用することは合法ということになっています。しかしながら、著作権をもっている人は自分たちの作品を AI の学習に使わないようにする権利があるので、これをどう守っていくのかがこれからの課題です。

②生成した内容が既存の著作物に類似していないかどうか

　AIが生成した画像や文章が既存の著作物に著しく似ていれば、著作権の侵害になる可能性があります。これは AI に限らず、自分が思いついたものを創作し、既存の著作物に類似していた場合も同じ扱いになります。

基準としては、存在している著作物にどの程度類似しているかという「類似性」、制作活動に既存の著作物が前提になっているかという「依拠性」があるかどうかで判断されます。ですから、画像生成AIの元データに対象となる原著作物がある場合、依拠性があると判断されるのではないかといわれています。これに関しては、文化庁のセミナーの内容が最新の内容になります。(https://www.bunka.go.jp/seisaku/chosakuken/93903601.html)

AdobeのFireflyのように他社の著作物を学習していないことが明確になっているツールもあるので、著作権の所在がはっきりしているコンテンツだけを学習したツールを使い、未然に権利侵害を防ぐことも大事です。

とはいえ、そもそも教育現場においては著作権法第35条の範囲内で著作物を無許諾・無償で複製することなどが認められているので、今問題になっていない利用方法であれば、既存の著作権法の枠組みの中で権利侵害となることはないでしょう。

▍「無意識の偏見」を防ぐには

また公平性やジェンダーに関わる生成AIの問題として、「無意識の偏見」という問題があります。バイアスがかかっているデータを学習してしまうと、そのバイアスが再生産されるというものです。例えば「外科医」と聞いて無意識に男性をイメージするといった、職業と特定の性別の結びつきはかなり顕著に現れます。そういった傾向が言語モデルにも反映されていると、偏見というバイアスがAIを通じて再生産されてしまいます。

履歴書の書類審査にAIを使った結果、女性が不利になったり、特定の人種が不利になったという出来事も過去にはありました。AIを使ったことで社会に存在する格差を再生産しないようにという点は常に注意しなければなりません。

5 現在と今後の普及状況

▌生成 AI が与える教育現場への影響

　今後は生成 AI に限らず、さまざまな AI の利活用は広がると考えられます。それにより、AI 活用スキルは一般的な IT リテラシーと同じく、多くの人が身につけるスキルとなっていくでしょう。スキルというと専門的に聞こえますが、平たくいえば「利用できるツールや技術を幅広く知った上で、適切に使い分けられる能力」ということです。その能力を獲得するためには、今存在しているものをある程度幅広く知る必要が出てきます。現在でいうとスマートフォンのアプリやインターネット上のサービスのように実際にさまざまな AI などを試してみることで「何ができるか・できないか」を理解していくことになるでしょう。

　自由研究や総合的な学習（探究）の時間のような課題解決型の学習の中で実践していくことも重要です。「この内容はこのツールを使おう」「ここは自分でやろう」という判断ができることで、リテラシーは培われていきます。

　生成 AI をはじめとする新たなツールや概念の一番の懸念は、重要な場面で何もわからずに間違った使い方をしてしまって、その結果不利益を被ることです。先生や保護者の手で子どもが失敗できる環境を整え、子ども自身が試行錯誤をした上で学ぶことで、初めてリテラシーを獲得できるのではないでしょうか。

　リテラシーは、利用者として適切に使えるようにということはもちろん、その仕組みを知って AI を作る側の立場や導入する立場に立つという人にも当然求められるようになるので、これまで行っていた IT 教育やプログラミング教育が、AI 時代にふさわしい内容によりアップデートされていくということ

が起こると思います。

　例えば高校の選択科目である「情報II」の教科書では、すでにニューラルネットワークというディープラーニングの基礎になる内容が入っています。こうした内容が、必履修の「情報I」、あるいは小・中学校でも各学校段階にふさわしい形で扱うようになるでしょう。AIの使い方やAIの仕組みを理解するための学習は必要になってくると思います。

▌新たなデジタル・ディバイドを防ぐには

　振り返って考えれば、最初にインターネットが出始めた頃は一部の愛好家や専門家だけがインターネットを使っていましたが、いつの間にか普段の学習にもパソコンが必須となりました。就職活動においては、今やインターネット環境とパソコンなどのデバイスがなければエントリー自体できない企業も非常に多くなりました。新しい技術が社会で広く用いられるようになると、その技術を使える人とそうでない人との間に情報格差（デジタル・ディバイド）が生まれることが懸念されてきました。

　これまではデジタル・ディバイドの要因はインターネット接続の有無や情報端末の所有の有無が主なものと考えられていました。今後、生成AIの活用が社会に広まっていくと生成AIの利用経験の有無や生成AIについての教育を受ける機会が新たなデジタル・ディバイドを生む要因になるのではと一部ではすでに議論されています。このような点からも教育に携わる人が生成AIについて学ぶことは非常に重要です。

生成AIの安易な活用はNG!?

　1章で触れられている通り、生成AIを自由研究のような課題解決型の学習等で活用していくことは重要ですが、一方で仕組みをわからずに間違った使い方をしてしまい不利益を被る危険性もあります。「失敗できる環境の保障」が難しい「課題」において、生成AIの活用はどう行うべきなのでしょうか。

　まず基本として、子どもたちが生成AIについての説明・理解がないうちに、「生成AIを使った課題を出す」のは望ましくありません。さらに、ツールにはよりますが、18歳未満は保護者の同意が必須です。「児童・生徒に使わせるという判断は安易にできない」ことを、大人も理解する必要があります。

　生成AIの特性を踏まえ、どんな授業、どんな課題が相応しいかを考えた上であれば、積極的に活用していくことが望ましいと考えます。ただし、これまでの夏休みの宿題のような単に「読書感想文を書く」という課題自体は成立しないと考えた方が良いと思います。「課題に生成AIを使ってはいけない」と言っても、実際に提出された文章が、AIが書いたものかどうかは現時点で判断できないからです。

　また、現在学校から出される鉄板の課題である感想文などを不正に作成・提出することはAI以外でも可能で、例としてネット掲示板等で回答を得る、ネット上で宿題を有償で請け負うような個人や業者がある、単にWeb検索をしてコピペする……等が挙げられます。このようなケースがこれまでにもあったため、AIだけが問題なのではなく、テクノロジーやネットを利用する上での姿勢が問われます。これは、学校の中でデジタル・シティズンシップ教育やAIに関する事前指導は必要不可欠なのです。

　AIの特性やある程度の仕組みを学習したのちに、課題や授業内で活用することが極めて重要です。

第**2**章

「生成AI」は
学校教育とどう関わるの？

1 生成 AI と教育に関する国の方針（ガイドライン）

▎ガイドライン策定の背景

　生成 AI が注目されて以降、教育現場において活用される例も出始めました。こうしたAI活用の気運が高まったことを背景に、文部科学省は2023年7月4日に「初等中等教育段階における生成AIの利用に関する暫定的なガイドライン」を発表しました。

　このガイドラインは ChatGPT をはじめとした LLM が台頭する中で、教育現場における利用のメリットと懸念の声が混在していることなどを受け、学校関係者が文章生成 AI の活用の適否を判断するための参考資料として、暫定的に考え方の大枠を示したものです。その主旨は「学習や教育に生成 AI の利用が効果的かどうかで判断しましょう」といった当たり前の話ではあるのですが、この考え方に加えて個別具体的なケースをいくつか加えています。

　とはいえ、「このガイドラインで、現場で活用又は禁止の方向に導いていきたい」というような意図や拘束力があるものではありません。生成 AI の可能性はまだまだ未知数で、先生方の創意工夫を妨げないような形で考え方を示すというのが基本姿勢なので、現場の先生にはその考え方の中で教育にどう活かすか、どう使えるのかを見極めることが求められます。

　ガイドラインではさまざまな考え方が示されていますが、一気にすべてを推し進めるのではなく少しずつ実践していくことが必要です。ガイドラインにおいても「限定的な利用から始めることが適切」と示されているので、まずは何が良さそうなのか、良くなさそうなのかを研究していくことから始めてもらいたいと思います。

▌ガイドラインが示す4つの活用段階

　今回のガイドラインには、「パイロット的な取組」の一例として、
①生成AI自体を学ぶ段階（生成AIの仕組み、利便性・リスク、留意
　点）
②使い方を学ぶ段階（より良い回答を引き出すためのAIとの対話スキル、
　ファクトチェックの方法 など）
③各教科等の学びにおいて積極的に用いる段階
④日常使いする段階
の大まかな4つの活用段階が示されています。

　①、②は密接な関係にあります。つまり、生成AIの仕組みを理解する
際に、ハルシネーションが起こるのでファクトチェックが大事だということにも
気づく、というようなことだと思っています。そうしたことを話し合う中で「面
白いことができそうだ」ということが見えてくると思いますので、他の教科や
学校内外での学びに活用するという方向にも進んでもらいたいと思います。

　2023年に入ってから、授業で生成AIを試した学校がいくつかあります
が、①、②を理解する前に③として生成AIを使ってしまうと、ハルシネー
ションを見抜けず生成AIの回答をそのまま信じてしまったり、イライザ効果
（プログラムの動作を人間の動作だと錯覚する現象）を感じたりするネガ
ティブな影響があったと聞いています。

　そのために、仕組みなどの科学的な理解をした上で実際に活用する段
階へ進んでいくことが、教育現場における望ましい方向性だと考えていま
す。

2 学校現場における生成 AI との向き合い方

▌生成 AI とどう向き合う？

生成 AI を使うことに対して「ズルはダメだ」というような姿勢だけでは、時代にそぐわないといえるかもしれません。

基本的に、生成 AI については、
・言語は得意でも数字は苦手であり、ローカルなことや速報性のある物事も苦手
・ハルシネーションが起こるリスクがある
などの特徴があることを押さえた上で、「生成 AI とどう向き合うのが正しいのか」という方向に考えられると割とシンプルだと思います。

▌生成 AI の台頭で試される「先生の力量」

生成 AI に頼り切って宿題を済ませる子どもが出るのではないかという懸念もありますが、なぜ自分の手で作文などをするのかという「本質的な目的」が伝わっていれば、子どもは自然と向き合い方を考えられるようになると思います。

先生が「こういうことをできるようになってほしい」という意図が子どもに伝わっていないと、子どもは「少しでも長く遊びたいから、生成 AI だけの力を使って宿題を早く終わらせる」と考えてしまうかもしれません。

ある程度幼い子どもであれば「生成 AI を使わずにやろう」といった指示で問題ないと思いますが、小学校高学年以上の子どもに対しては、子ども自身にどういう力をつけさせたいのかを明確にして腹落ちさせることが 1 つの

カギになります。ここは先生の力量が試される部分でしょう。

生成 AI を活用できる場面・活用できない場面

　授業などに生成 AI を活用するにあたっては、
①思考力を高めること
②創造性をさらに高める使い方をすること
の2点を念頭におきたいところです。先生からすると、授業のやり方や子どもにどのように使わせるかといった面に意識が働きがちなのですが、まず先生自身が生成 AI に慣れ親しむことでどういう付き合い方が賢いやり方なのかを体験されて、知っておくことが必要だと思います。

　授業以外にも、校務における業務の効率化や質の向上といった、働き方改革の一環として利用・活用ができそうです。さまざまな場面で活用するためにも、生成 AI の仕組みや特性を先生自身がきちんと理解することが必要です。

　その上で、生成 AI を用いて教育活動や学習評価の目的を達成するために、効果的な利用方法を先生自身で考えることも求められます。生成 AI と対話することで子どもの学びを深めたり、先生自身のアイデアの幅を広げるといった場面で活用できると思います。

　一方で、自分が知りたいことを検索する感覚で使われる方もいますが、ハルシネーションの恐れがあるため結局ファクトチェックが必要になります。思考力や創造性を高める場面では生成 AI を活用し、調べ物をする際は検索エンジンを使うといった使い分けが重要です。

アイデアを深掘りする「聞き方」

　またアイデアを展開する際も、もともと自分がもっているアイデアを生成

AIに見せてみて、その意図や意味などを質問してもらうなど、生成AIとの対話を繰り返すことで、より深いアイデアに磨き上げられていきます。生成AIを使って0から1を生み出すのではなく、既存のものをさらに改良するイメージです。その際、役割を与える、詳細に説明する、タスクを分解する、例を挙げる、出力の形・長さを指定するといった工夫が考えられます。

　例えば、「あなたは小学生の保護者です」と役割を与え、「私の○○という主張について、保護者が先生に話すような口調で、△△といった質問を3つ投げかけてください」などと詳細にタスクを説明したり、例を挙げたりした上で、「1つの質問は200文字以内で、その質問に対して保護者が望む回答例もつけて表形式にしてください」などと出力の形・長さを指定するといったプロンプトが考えられるでしょう。

　民間企業でもアイデア出しや「壁打ち」に生成AIを使う方は多いのですが、学校現場においては先生が「自分自身で使う」「授業に絡めて使う」というどちらの視点においても、生成AIを使って何ができるのかを先生自身が知った上で、子どもの発達段階などを踏まえて、授業に活用するにはどういった工夫が必要なのかという2段階で考える必要があります。

▌管理職に求められる環境整備

　先生自身が実際に使ってみることは非常に大事ですが、その上で教育委員会や管理職が意欲のある先生に向けてネガティブなメッセージを発信しないということも重要です。AIを活用するにあたっては管理職がチャレンジングな姿勢をもち、挑戦できる環境を整備することが不可欠です。

　学校でのインターネット利用におけるセキュリティや、生成AIの利用規約にある年齢制限といった制約もありますが、そうしたことも踏まえながら先生が使いたいときに使える環境をつくるという柔軟な意識をもっていただきたいです。

また、逆に意欲のある先生だけに頼りがちな場面が出てきてしまう可能性もあります。GIGAスクール構想以降、学校の情報化が進む中で「私はわからないけど、○○先生が詳しいらしいから全部そちらに聞いてください」といった形で丸投げしてしまうのはよくあるパターンですが、これを生成AIでもやってしまうと、生成AIの活用が苦手な先生はずっと苦手なままになってしまいます。

　こうなると学校内で温度差ができてしまいますし、一部の先生に多大な負担を強いることになりかねません。ですので、学校全体で取り組むのはもちろん、研修の機会があれば苦手意識を持っている先生にも研修の機会を与えるなど、学校内で勉強会を開くといった取組ができれば理想的です。あくまで理想論ではありますが、そこに近づくための歩みを止めないよう努力し続ける必要はあると思います。

　生成AIはまだ出てきたばかりなので、若手からベテラン、子どもから先生まで全員が横一線のスタートラインに立っています。もちろんデジタルに強い先生のほうが抵抗感はないとは思いますが、全員でできる可能性を探っていこうという空気づくりも、環境整備の一環として非常に大事になりそうです。

　学校現場では過去にプログラミングが必修になるなど大きな動きもありましたが、そうしたものよりも生成AIのハードルは高くないと考えることはできないでしょうか。極端にいえば、最初からうまい答えや期待した回答が返ってこないことはあっても「やってみても何もできなかった」ということはないので、苦手意識をもっている先生もぜひ生成AIを触っていただきたいと思います。

▎発達段階とファクトチェック

　検索エンジン代わりに活用することが難しい理由としてハルシネーションが挙げられますが、先生自身が普段使いや授業での活用においてハルシネーションに対応できるためにも、しっかりと生成 AI の仕組みを理解した上でファクトチェックをかけることが必要です。あくまでも生成 AI は1つの足掛かりであり、最終的には人間自身が責任をもってチェックするという意識をもっていただくことが大事だといえます。

　子どもに対しては、ファクトチェックを意識させて学ばせる年齢と、その子どもが身につけてきた情報活用能力という2点で考えることがいいのではないでしょうか。生成 AI が出てくる前から GIGA 端末が普及して、子どもが自分でインターネット上の情報を調べる機会は数年前よりも格段に増えてきています。

　インターネットを積極的に取り入れて、すでにファクトチェックを実践させているという学校では、このあたりも気をつけていただきたいです。

　逆にあまりインターネットを使ってこなかった学校であれば、「生成AIが出てきたから」といっていきなり低中学年から始めようとすると、子どもたちも先生も混乱しかねないので、まずはその学校で定めている情報活用能力の育成方針に沿った学びを実現することが必要です。

　その上で、学校以外でもデジタルに触れる機会は年を経るごとに増えていくので、インターネットの危険性から身を守るというようなところは、情報モラル教育やデジタルシティズンシップ教育の一環として、ある程度早い段階から学んでおくべきだと思います。

▌「よき利用者」になるために

　学校教育では計算方法から社会的な事柄まで「なぜそういう仕組みなのか」を扱っているはずです。しかし、LLM などの生成 AI は学校教科で扱う前に台頭してしまったので、まずは仕組みを理解することがすっぽり抜けてしまい、だからこそ混乱が生じているという面もあると思います。

　また子どもからしてみれば、そもそ生成 AI に限らず「なぜインターネット上に個人情報を書き込んではいけないのか」というデジタルシティズンシップの点でもなかなか腹落ちしにくい部分もあると思います。その中で、例えば「自分の情報が学習データに利用される可能性がある」ということを伝えれば理解のしやすさも違うと思います。

　したがって、生成 AI についても、授業の中で仕組みを伝えることが新しいツールに対する不安や懸念と向き合うことにもつながりますし、仕組みを知ることでより上手な付き合い方や新たな活用法を生み出すこともできるので、最も必要な第一歩だといえます。

　また文部科学省のガイドラインでは、生成 AI を用いれば簡単にこなせるような旧来型の学習課題のあり方やテストの方法を見直すことも期待できるという指針を示しています。

　読書感想文に生成AIを使われたらどうするかという懸念も大きい一方で、「生成 AI が出てきたならこういう課題とかテストもありだよね」というアイデアをどんどん出して欲しいというメッセージを文部科学省が出しているのです。さまざまな可能性が大きく広がる分、どのような意識でどのような使い方をするかが非常に重要になってきます。

　こうした流れの中で、例えば生成AIが出してきたものに対して「自分だっ

たらどう思うか」といった、生成 AI との対話を前提とした学習課題のあり方も今後出てくることを期待しています。学校の先生には、昔ながらの慣習的な課題を打破する機会だとポジティブに捉えていただいて、どんどんチャレンジングな取組を生み出してもらいたいです。

3 　生成 AI が学校現場に与える影響

▌ 伴走者としての役割

　実際にどう学びに活かすかという部分においては、探究的な学習や取組をグループで行う際に第三者として生成AIを介在させて新たな視点を広げ、グループ内での対話を深めることでより一層アイデアを磨くというのも意義あるやり方の1つです。

　教室の中は基本的に先生と子どもだけの空間ですが、そこに外部講師や地域の方が入って授業に参画することがあると思います。生成 AIもそうした形で、新しい視点やアイデアを与えてくれる外部人材に代わる第三者として活用することが理想的です。何かの意見を、あえて先生ではなく生成 AIに言わせることで子どもの受け止め方が変わることもあると思います。

　例えば、総合的な学習（探究）の時間において、子どもと生成 AI の間で、民間企業でも使われているようなアイデア出しや壁打ちができれば非常に有意義な時間になるでしょう。

　1対1で対話をしていく分にも面白いですが、複数の人間対1台の生成AI という使い方にも面白さがあります。「生成 AI にどう問うか」という子どもの間の会話が進んだり、それを見た先生が「もっとこうしたら」といった提案をすることでさらに先生と子どもの会話も促進されたりといったさまざまな側面があり、まさに協働的な学習の実現にも資することができます。

▌ 「外部講師」として先生を助ける生成 AI

　また、先生の負担を軽減するという意味では、先生がいないと手が進ま

ないという子どもに対して「何かあったら AI に聞いてほしい」という指示を与えておけば、先生がいないところでも生成 AI という第三者が介在するという形をとれるので、先生のサポート役が各班や子どもごとに1人ずつついているという状況をつくり出せます。

　例えば、高校の情報科目においてはプログラミングが単元として入ってきますが、教室のあちこちで「エラーが出たから見てほしい」という子どもが出てしまうと、先生がヘルプに行けない間は待っているだけで学習が進みません。待っている間に生成 AI に聞けばなぜエラーが出るのかを教えてくれたりするので、本来先生がやらなくていい場面や、それほど注力しなくてもいい場面において省力化ができます。

　このように「補助的な講師」のようなイメージで、ブレインストーミングやヘルプに使うという活用法は、今後さらに増えていくでしょう。第1章でもあった「強い AI」「弱い AI」といった議論の中で、AI によって先生の職が脅かされるのではないかという意見もありましたが、基本的にはAIが先生にとって代わるということはなく、あくまでも補助的なツールに終始すると思います。

　社会状況は日々刻々と変わり、AI をはじめとする科学技術も日進月歩で進化を見せています。いわば「先生の価値」が問い直される時代に来ていると思いますが、その中で自分自身のアイデアを高めたり、子どもに対してより効果的な授業や指導を行ったり、ときには負担を軽減したりといったところに貢献するのが生成 AI なのです。

　基本的な仕組みを学んでからどう向き合うか考える時間を確保して生成 AI に向き合わせることが大事だと述べてきました。生成 AI の活用を成功させるためには、まず先生自身で生成 AI を体感することが重要です。

　また、先生が生成 AI の面白さや可能性を感じていることも大事な要素

です。自発的に取り組むのと、上から「こういう授業プランがあるからやってみてよ」と言われて受動的に取り組むのとではどういう学びを得られるかも変わってきますし、能動的に取り組む姿勢があると「こういう場面で生成AIを使ったらこういう効果が出そうだな」と前向きに考えられます。その気づきやアイデアを実践することでどんどんスケールしていきます。

┃ 生成AI活用で個別最適を図るには？

　発達障害や不登校などの配慮が必要な子どもに、個別最適を図る上でも生成AIが効果的な場面はあります。

　例えば次のような事例があります。小学校2年生の国語で「スイミー」の感想文を書こうという授業があった際に、うまく書けずに興奮状態になって地団駄を踏んでしまうという子どもがいました。通常ならば担任の先生が寄り添いながら何とか作文に仕上げようと支援するのですが、机に突っ伏して書きたくないという拒否状態になってしまったときに、みんなのコードのメンバーが「コンピュータの力も借りてChatGPTにスイミーの感想文を聞いてみようよ」という提案をしました。

　その子どもも感想を生成AIが書いてくれるという点に強い興味関心を示し、まず生成されたテキスト（感想文）を写し始めました。数行書いたところで子どもが何かを言っていたので近づいてみると「この部分は僕はそう思わない」と、自分の思考と照らし合わせつぶやいていました。「じゃあその部分だけでも自分の言葉にしてみよう」という形で背中を押しました。

　最終的に、全体の1/4くらいは自分の言葉で書き上げた感想文になり、提出できたのです。子ども自身の状態や環境が異なれば活かせる局面も異なると思いますが、先生とはまた違った補助的な立場として入ってくるというところは非常に大事です。

また不登校の生徒を支援するという点では、文章生成 AI は「会話」を楽しめるという強みがあります。NGワードを避けるなどの配慮もできますし、孤独に苦しまない会話相手となれるのは大きな意義があると思います。

　文章生成 AI は不登校の生徒だけではなく、1人で悩みを抱えがちな保護者にとっても有用なツールです。接し方のチェックリストや復学までのフローチャートの生成も得意なので、登校を後押しするべきなのか、今は休ませるべきなのかという判断に迷う際に AI と対話をしてみて、こういう付き合い方があるんだなというヒントを得ることもできます。そういう意味では、大人に対しても良き話し相手になります。

▌個別最適を図る際の意識

　ただし発達障害や不登校といった特別な事情を抱えている子どもにとっては、生成 AI の仕組みを理解することは比較的ハードルが高いでしょう。その部分は先生が伴走する形で利用するなど使い方に工夫が必要かもしれません。

　大人にも見られる現象ですが、自然に生成 AI と対話ができる子どもは特に、会話相手の生成 AI に人格や感情があるのではないかと思い込んでしまいがち（イライザ効果を感じやすい）です。生成 AI との対話に心地よさを感じている子どもに対して、「これは機械だから感情はない」ということを押し付けるべきではないですし、この問題をどう乗り越えていくかは非常に悩ましい部分です。だからこそ、「このような懸念がある」、「全てうのみにしてはいけない」などの声掛けが必要になります。

　生成 AI にのめり込みすぎてしまうと、生身の人間と顔を突き合わせて対話すべき場面でもすべて機械だけとの対話になってしまいかねません。リアルな人間との対話と生成 AI との対話の使い分けは、教室の中ではできていても、先生の目が届かない家庭で使う場合にはまた別である可能性があ

りります。これは今後の課題だと思います。

▌「正解」を求めない

　技術が台頭してしばらくすると、多くの方はその技術をどう扱うのが正しいのか、効果的・効率的なのかという「正解」や、こういうものが良かったという成功事例をなぞりがちです。しかし、そうした技術でも子どもに使わせてみると想定から外れた使い方をすることがあります。

　正しさや効率の良さにとらわれずに「こういうふうに使えるかな」と思うことが使い方を発展させていくカギになりますし、そういうところから次世代のスタンダードとなりうる技術のイノベーションが生まれてくるのではないかと思います。

　実際に、小学生の子どもは生成AIに対して「ジャンケンをしよう」と言って絵文字を入力したり、歌詞を入れて「これに音階をつけて」といった対話をしています。大人は「文章生成 AI だから」という前提が頭にあるので、絵文字を入れたり、音階をつけようという発想はなかなか出てきません。

　気をつけなければならないのは、例えば授業で「こういうふうに使うんだ」と決めている先生が、子どもの使い方に対して「それは今使う使い方じゃない」「正しくない使い方だ」としてしまうと、そこで創造性やクリエイティビティは止まってしまいます。自らの想定と異なった使い方も受け入れて、向き合うことが新たな技術の可能性だと思いますし、それを子どもと一緒に楽しめる資質が先生には求められています。
　一見、回り道に見えるような方法でも、実はその先には大きな可能性が待っているかもしれません。子どものクリエイティビティに寄り添うことも、これから先の教育にはより求められていくでしょう。子どものクリエイティビティを見守りながら、教育におけるテクノロジーのすばらしさを実感していただきたいと思います。

保護者の意識と多様性の尊重

　そうした意味では、一番成功事例を求めているのは保護者なのかもしれません。やはり我が子に失敗させたくないという思いが強いと思うのですが、多様性が求められる社会の中で子どもの人格や嗜好、学習の手段などにおいて「いろいろな良さがある」ということを先生から発信していただき、保護者もそのメッセージをしっかり受け止めていただきたいと思います。

　先生が生成 AI を使って授業をするにあたって、「こんな使い方をしないでほしい」「これが何の役に立つんだ」という保護者も出てくると思います。ですが、自分で実践して自分なりに活用法を研究した先生なら「こういう良さがあるんですよ」ということを語れると思います。

　情報の真偽こそありますが、検索エンジンで検索すればある程度どんな情報でも出てくる時代に「何を知っているか」という知識の価値は昔よりもどんどん下がっています。こうした空気感は保護者自身が社会人としておそらく感じているはずです。しかし、自分が受けてきた教育とどうしても比較してしまうので、我が子の教育は失敗させたくないという気持ちが非常に強いのだろうと感じます。

　その意味では「子どもは AI 時代を生きていく」ということを、保護者の方にも伝えていくことがポイントになります。誰かが用意した正解・知識をもっていることがすべてではなく、今日の「予測困難な時代」の教育においては得た知識をいかに使っていくかが重要なのだという発信をしていくことが理想的です。

　その上で、多様性を尊重する社会になってきたからこそ、先生自身のこれまでの経験や知見に基づいて、1人1人の良さを発見し、それをきちんと言語化することも先生の仕事になってきますし、AI 時代においてはそれを

生成 AI の力を借りて行うことも先生に求められる資質となってきます。このあたりの意識について学級通信で触れたり、授業参観の際に先生が直接保護者に伝えたりすると理解が得られやすいのではないかと思います。

　中には PTA と学校が一緒になって生成 AI への付き合い方のガイドラインをつくった学校もあります。保護者に「いま学校では何が起こっているのか」について興味をもっていただいて、多様性や生成 AI の機運を一緒につくり上げていこうというメッセージを保護者から学校に対して発せられると、学校としてもチャレンジングな取組ができる土壌ができ上がってきます。先生からのメッセージがうまく伝われば、こうした形で保護者からの理解や支援が得られるということもぜひ知ってもらいたいと思います。

▌校務分掌にも貢献する生成 AI

　授業に活用することはもちろんですが、校務分掌においても大きな貢献が見込めます。ガイドラインにおいても、働き方改革の一環において授業時数の調整案のたたき台や部活動等の大会・遠征にかかる経費の概算などが活用例として挙げられており、あまり時間をかけたくない部分の省力化が可能です。他にも保護者向けのメールの作成や、学校のクラスのテーマ決めのアイデア出しなどにも活用が見込めるでしょう。

　事務的な仕事の悩みを 1 人で抱え込むこともあると思いますが、「身近に相談したいけど、ちょっとつぶやく形で対話できたらな」と感じた際に生成 AI を使うことで、スムーズに事が運ぶこともあると思います。

　また、生成 AI への聞き方においてもすべての事象に対して「〇〇を教えて」と丸投げするのではなく、過去と現在の状況・経緯などの具体例を踏まえて相談できるような段階になればうまく活用できるようになると思います。

　例えば、学級通信を生成 AI にいきなり書かせるのではなく「4月号をこ

ういう文面でつくったので、このトピックで6月号をつくって」という形で活用している先生がいらっしゃるそうです。この先生のような活用の仕方は、生成AIの特徴を十分活かした非常に良いものです。

　学校関連では、東京大学が学内での生成AI使用についての方針を示しました。基本的には機密情報や個人情報を入れない、生成AIが出力したものをそのままレポートに引用するのは不正行為に当たるといった内容ですが、アイデア出しや文章の精査のような"良い"使い方もあるので、そうした部分ではむしろ積極的に使うべきだというものです。今ではこれに追随する形で、各教育機関がガイドラインなどを出しています。

　ただしここで気を付けなければならないのが、学校段階によって規約やプライバシーの取り扱いがあるという点です。大学は基本的に未成年の使用を想定しないという前提に立っているので、大学のガイドラインがそのまま小・中学校に使えるわけではありません。こうした方針などは文部科学省のガイドラインでかなりの部分がカバーされているので、まずはそちらを読んで理解を深めるべきだと思います。

　また部活動においても、保護者とのやり取りや提出書類の作成など事務手続きが必要な場面にも活用できます。さらに、マンネリ化しているトレーニングメニューや準備体操などの改善にも使えるので、日々の練習の構成ややり方などにアイデアを加えるといった場面にも向いています。一方で、トレーニングメニューなどはある程度専門知識が必要なので、現状で練習メニューに対して活用するのであれば「すでにあるメニューをマイナーチェンジする」といった意識で使う方が良いでしょう。

▍GPT-3.5とGPT-4

　2023年10月現在、ChatGPTにおいては無料で使えるGPT-3.5、月額20ドルで使えるGPT-4の2プランが用意されています。GPT-4を使うか

どうかは学校や地域自治体の判断になるという前提の上で、まずは GPT-3.5からスタートするほうがいいというのが私たちの考えです。

　理由としては以下の2点です。

①保護者の負担

　例えば子どもに生成 AI を使わせるとなった時に GPT-4を使うとなると、おそらく保護者負担になるだろうと思います。また学校負担であったとしても、いずれどこかで保護者に負担がかかってくる可能性があります。文部科学省のガイドライン上でも、「極力保護者に負担をかけずにやりましょう」という方針が示されています。

②クオリティの高さがゴールではない

　民間企業においては生産性を上げるとか、成果を出すといったある種の「答え」を得ることがゴールになるかと思いますが、教育現場はそうではありません。先生が保護者に向けて打つメールも、例えば、マーケティングにおいて刺さるメールを打つなどではなく、いかに要点を得たものを失礼にならないように打つかというところだと思うので、GPT-3.5で出てくるものをいかに使えるレベルにするかで十分だと考えています。

　また、おそらく今後しばらくすれば無料のものでも精度が上がってきたり、GPT-5が登場してGPT-4が無料になるというようなことも十分考えられると思います。現時点では課金せずとも、体験することが大切です。

4 教育は生成 AI を通して どう変わる？

▌ 実技科目への活用

　今のところ、生成 AI は主に国語や道徳、総合的な学習（探究）の時間において活用されている例が見受けられますが、他の教科で活用することもできます。例えば、家庭科において条件に沿った献立のアイデアを出してもらったり、そこから自分でアレルギーや食べやすさなどを考慮してオリジナルの献立を作成するなどの場面でも使えます。

　また、中学校技術は情報活用能力とかなり密接な関連があるので、発展的な学習として、生成 AI と他のツールを組み合わせることもできます。例えば、3D プリンターと生成 AI を組み合わせて建築などで使われるようなモデリングができるツールもあります。中学校技術の授業で組み合わせることで「ものづくり× AI」という視点からの授業も可能です。

　音楽や美術の方面は画像やメロディを生成する AI と相性がいいように思います。一方、こうした芸術系の科目によくある「これを見た／聞いた感想を書きなさい」というワークにおいて最初から文章生成 AI などを使わせるのは推奨されません。

　ただし、感想文を書かせるにあたって「何も感じなかった」と言って全く筆が進まない子どもに対しては、これまでは先生が伴走していたところを生成 AI に任せることもできます。「ちょっとやってみたけど、ここから一歩も進めなくなった」という時に、まずは先生ではなく生成 AI に聞いてみることが当たり前になる時代が来るかもしれません。

管理職の意識

　保護者から「先生がしっかり正解を教えてください」などという声や管理職から「子どもと一緒にという姿勢ではなく、先生たるものきちんと正しさを求めるべきだ」といったことを求められると、現場の先生は試行錯誤できなくなってしまいます。

　必ずしも情報技術に積極的な先生ばかりではないと想定される中で、消極的な先生が孤立しないよう、外部研修会への参加を勧めてみたりといった配慮も重要です。先生向けの研修会はまだ少ないですが、文部科学省がNHK for Schoolと組んで現場に役立つ情報を発信していくという方針を打ち出しています。

　現時点では研修や活用法などの情報はまだ少ないですが、活用事例などはこれから徐々に増えていくので、管理職としてもきちんと情報をピックアップして活用できるものは活用していく必要があります。

　また、例えば意欲ある先生を管理職が応援しても、保護者が「なぜこんな教育をしているのですか」などと理解を示さないとなると先生は萎縮してしまいます。先生の取組を説明した上で、その内容に寄り添い、社会全体で応援できるような気運が醸成できれば、生成AIによる学びは発展していくと思います。私たちみんなのコードとしても、そうした流れをつくっていきたいと考えています。

現場での運用において意識すること

　生成AIが社会的にも非常に身近になってきたことで、これからの子どもたちは今よりもぐっとAIが身近な存在になる社会で生きていきます。そのため、いかに「未来を見せる」かが大事だと思います。その上で、先生の

役割や意義に立ち返り、授業などにおいて生成 AI を活用する中で改めて「先生しかできないこと」を自ら考えることが必要です。

　特に子どもが何を考えているかを発言や行動から推測する人間観察のスキルは、先生自身がもともと得意とされている領域であるうえ、AI で代替できないところです。加えて、自分で生成 AI を使ってみて、どういうことに使えそうか研究することを意識することも大事にしてもらいたいです。

　私たちみんなのコードは、いろいろな学校を訪問する中で「先生って子どものことを本当にすごくよく見ている」ということに改めて気づかされました。子どもの可能性を伸ばしていこうという先生方も非常に多く、その姿勢や思いは当然 AI に取って代わられないものだと思います。

　子どもを見守って、その可能性を後押しすることは人間にしかできません。そのために AI をどう使ったら有効なのかという判断も、結局は人間がすることです。ここも先生や保護者の柔軟性が試されるところです。

▎年間授業計画や指導案への落とし込み

　生成 AI を指導案や年間授業計画に落とし込むにあたって、教材を使うことや生成 AI を活用することを意識してしまうと思いますが、まずは最も重要な要素である「生成 AI の仕組みを知る」ことを指導案に入れていく必要があります。

　簡単な画像生成 AI を使った授業を行って AI の仕組みを理解した後で文章生成 AI に移るという順序を立てて理解を深めたという例もありますが、このように目的意識と順番を間違えないことが非常に重要になります。

　AI を扱う上で「先生がわかってから教えないといけない」といったプレッシャーを感じられる先生もいらっしゃると思いますが、そうではなく子どもと一

緒に考える姿勢や学び続ける態度が非常に大事な要素だと考えています。先生がいつも正しい答えを持っているわけではないということを、先生自身がきちんと割り切って向き合うことでより良い学びにつながります。

　学び続ける姿勢という点では、生成 AI が出てくる前から「これからの教師は学び続けなければならない」という答申が中央教育審議会から出ていました。図らずも生成 AI の台頭によりそれが後押しされたような形になったのです。子どもと一緒に学び続けるという姿勢がより顕著に求められる時代になってきたと感じます。

5 子どもたちに身に付けてほしい「情報活用能力」

▎生成AIから考える情報活用能力とは？

　文部科学省から出されたガイドラインでは、「情報活用能力の育成強化」という項目も掲げられています。学習指導要領では「学習の基盤となる資質・能力」と定義しており、各教科などにおいて育むことを目指す資質・能力と同様に、「知識及び技能」「思考力、判断力、表現力等」「学びに向かう力、人間性等」の3つの柱によって捉えていくものと整理されています。新たな情報技術の1つである生成AIについても、3つの柱を意識する必要があるでしょう。

　例えば、生成AIの仕組みや特性について、科学的な理解に裏付けられた形で理解する（知識及び技能）、問題の発見・解決などに向けて、生成AIを適切かつ効果的に活用する力を身に付ける（思考力・判断力・表現力等）、生成AIを適切かつ効果的に活用して情報社会に主体的に参画しようとする態度を身に付ける（学びに向かう力・人間性等）などの資質・能力を相互に深く関連付けて育成していくことが望ましいと考えられます。

　こうなると「どこまで覚えていなければ教えられないのか」「そもそも先生がしっかり教える必要があるのか」という話になるかと思いますが、個人的には「先生が生徒に教える」という従来的な教育観から脱却してもいいように感じています。

　中学生・高校生になると先生の方がかなわないところも出てくるでしょう。先生が基本となる部分を押さえた上で、「子どもと一緒に学ぶ」くらいの姿勢で良いかなと考えています。

自宅でも慣れ親しむべき？

　生成 AI がより身近になる中で、子ども自身が積極的に自宅で AI を使用するということもあると思いますが、こうした自発的な活用を全員に求める必要はないと考えています。学校においても「基本的な仕組みを理解してから使用する」と段階を踏んで慎重に教えているので、家庭で積極的に使ってもただ消費するだけで終わってしまう可能性もあります。

　向き合い方としては、思考を巡らせながら使用することが重要視されています。それを家庭での使用にも求めるとなると負担が大きくなると思います。もちろん、子どもが学校で生成 AI を学んできて、それを保護者と家庭で体験してみるということができれば、あまり生成 AI に触れる機会のなかった保護者の方と一緒に触れてみるという経験もできるかもしれません。

　とはいえ、新しいテクノロジーゆえに家庭間での格差を助長しかねないという懸念もありますし、保護者側も生成 AI について詳しくない方のほうが多いので、まずは学校での活用を第一に考えていただきたいです。

ハルシネーションを活かした学び方

　教育の一環として、文部科学省は生成 AI の誤りをあえて教材にすることも有効な事例の1つに挙げていますので、そういった学びも今後広がってくるかもしれません。

　仕組みを理解するという意味でいえば、前提となるデータが間違っていれば正しい情報が出力されないということや、ある単語に対し続く確率が高い単語を予測しているだけだということを知っていると、ハルシネーションが起こることはある意味で「当たり前」だと腹落ちするようになります。

生成 AI を活用した授業を繰り返す中で子どもにも同じレベルで腹落ちさせられれば、「間違ったデータが出てくることもある」といった認識を早くからもつことができますし、実際の事例の中では小学校5年生の口から「AIが全て正しいとは限らない。著作権にも気をつけないといけないね」という発言が自発的に出てきたこともありました。

　生成 AI を活用する中でハルシネーションは起きるべくして起きるものなので、
①最初にいかにうまく問いを立てるか
②いかに自分が欲しい情報を引き出すか
③引き出した情報をどう扱うか
の3ステップを踏まえて活用しなければなりません。ガイドラインにもあるように「生成 AI が出力した回答は参考の1つにすぎない」ことを前提としていれば、間違った回答を出力されても対処できると思います。

　その一方で、私たち大人はこうしたツールの活用にあたって仕組みよりも使い方から入りがちです。しかし、まず仕組を理解しようと子どもに教えるのであれば、大人の側も
①仕組みを知る
②使い方を学ぶ
③どう使いこなすかを検討する
という3つのステップを順番に踏まなければなりません。

6 発展途上の AI 技術

▌最新ツールの情報収集

　生成 AI に限らず、情報技術は次から次に新しいサービスやツールが出るという目まぐるしいまでの日進月歩で発展していますが、こうした情報技術を常に追い続けるのはなかなか厳しいと思います。

　情報収集が追い付かないと感じる方もいらっしゃると思いますが、文部科学省やマスコミなどいろいろな方面から活用事例の共有や紹介などが行われる中で、まずはそれらを理解しつつ、授業などに活用できるかを自分自身で考えることが最新の情報を集めることよりも重要です。

　民間企業では、いち早く新しい情報をキャッチアップして使えるものを使っていくことで、生産性を向上させたり他社との差別化を図ったりといったことができますが、先生は生成 AI を完璧に使いこなせなくても問題ないと思います。

　現状において、例えば ChatGPT のプラグインを使っている先生は数えるほどしかいないと思いますが、それでも最低限の仕組みを知っていれば教えられますし、その仕組みも他の情報技術と共通する部分もあります。上辺の部分に気を配るよりも、本質を捉えてきちんと教えていくということが、教育においては最も大事だと思います。

　また、文部科学省のガイドライン自体も今後改訂していくことが決まっているので、改訂したときに少しキャッチアップするぐらいでも学校現場としては足り得ると思います。重要なのは「本質を掴むこと」「日進月歩の情報に踊らされないこと」の2点です。

活用事例自体は学校に限らずいろいろなところから生まれてくると思いますし、今の GPT-3.5でできることも増えていくと思うので、日夜「これができるようになった」「プラグインでこれが追加された」といった情報は民間企業ほど追いかけなくていいと思います。

▌苦手意識をもつ先生がとるべき対策

生成 AI はこれからさらに教育への関わりが増えていくので、デジタル技術に苦手意識をもっている先生もまず触れてみるということと、いきなり完璧を求めないという2点を心がけていただきたいです。生成 AI は日々変わっていくものではあるので、すべて自分が教えなければならないというスタンスを変えて、少しずつでも子どもたちと一緒に学んでいこうという姿勢に切り替えることが大事です。

学校内で情報技術が得意な先生に対して丸投げするのではなく、その先生と交流してみたり生成 AI について教えてもらったりしながら、生成 AI に自分の困りごとを相談したり何気ない話をしてみたりすることで、先生自身が「自分ごと」にしていくことが大事だと思います。

子どもと一緒に学んでいくという意味では、昔は「先生が教えて子どもが学ぶ」というトップダウン式のコミュニケーションに終始していましたが、今は双方向のコミュニケーションが大事だと言われます。先生が完璧にできないことをわかった上で指導するからこそ、このコミュニケーションはより一層大事になってくるでしょう。

▌「バイアスの再生産」を防ぐ

生成 AI のような新しい技術もそうですが、テクノロジー分野におけるジェンダーギャップも意識しなければなりません。プログラミング教育の研修を行

う中で、参加者の男女比率で男性の方が多かったという結果が出たのですが、女性の先生方にヒアリングしてみると「参加しづらい」という声がありました。

　そういったテクノロジー領域において表には出にくい悩みやジェンダーギャップを見逃してしまうと深刻になってしまうので、そのあたりの取組も意識するという体制も重要です。

　新しいものが出てきた際に、テクノロジー領域に対して得意な男性が複数出てきてしまうと、パソコンなどが苦手な女性が引いてしまうということもありますし、その後ずっと男性主導の状態が続いてしまうこともよくあります。こういった変化の一番初めの段階で、公正さやジェンダーギャップに気をつけることを、関わる人すべてが意識するのは非常に大事です。

　ChatGPT をはじめとする生成 AI の先頭に立っている人はほとんど男性ですが、そういう状況を見ていると、女性は無意識に「自分の領域じゃないのかな」と引いてしまうこともあります。例えば、学校の中で勉強会を開ければ理想的だと述べましたが、そのスピーカーを女性にしてみるといった試みも大事です。

　すでに世の中的には「（生成 AI も含めた）技術的なもの＝男性」という流れができつつあるように思いますが、その中で教育がいかに女性のコミットメントを増やしていくかという点を意識的に行っていくことが、これからの社会にとってとても重要なことだと思います。

▎テクノロジー領域における女性進出

　テクノロジー領域の女性進出も数十年前からずっといわれ続けているようなことですし、管理職側にも改善意識を持って取り組んでもらいたいです。例えば、今後研修の機会があった時に女性の参加希望者がいなかっ

たという場合、本当に女性の先生は行きたいと思っていないのか、ちょっと躊躇して手を挙げてないだけなのかをきちんと見て、女性の先生にも声かけをしていくといった配慮なども求められます。

　男性の先生は自信をもって教えている一方で、女性の先生は少し自信なさげにやっているという姿を見ると、女子は「これって自分のものじゃないのかな」と感じてしまい、そうしたことが重なると「情報技術＝男性の領域」というバイアスが次の世代へも連鎖していってしまいます。

　そうした負の連鎖から脱却するためにも、AIと一見関係ないと思いがちなところでもジェンダーが絡んでくるということを管理職側が意識しなければなりません。研修などのスキルアップの機会から管理職への立候補まで幅広くいえることなのですが、参加要件などを完璧に満たしていなくても飛び込んでいけるようなメッセージを発信したり、女性側が手を挙げやすくなるような心理的安全性に気を配ることが理想的です。

　また、「教育現場は変化を求められている」という取り上げられ方をされることもありますが、実はこうした変化は「もともとあったものが浮き彫りになっただけ」という面もあります。例えば、知識を伝えるだけの教育からの脱却はここ十数年言われ続けていることですし、そうした課題が生成AIによってより顕著に現れているだけという見方もできます。多様性を認めていくことや、先生にしかできないこと・AIに代替されない人間的な強さとは何かといったことは、現行の学習指導要領でもいわれているところです。

　必ずしも生成AIが出てきたから教育のあり方をすべて変えなければいけないということではなく、これまで変化に向き合ってきた先生にとっては「やっぱりこの方向性でよかったんだ」と肯定してくれるともいえます。長年教育が抱えてきた課題を、「こういう方向に変わっていこう」という姿勢を後押しするツールが出てきたのだと前向きに捉えていただきたいです。

みんなのコードにおける「女性×IT」の取り組み TEEN SUMMIT KAGA

　みんなのコードが2022年6月に発表した「日本国内の大学における情報系学部・学科の実態調査」では、情報系以外の理学部、工学部における女子比率は2011年から21年にかけて微増しているのに対して、情報系は微減していることがわかりました。また、OECD（経済協力開発機構）の子どもの学習到達度調査2018年の結果によると、ICT関連職に興味のある15歳女子の割合は参加国中最下位となっています。

　こうした環境がジェンダーギャップの解消における障壁となっているのですが、日本では基本的に高校1年生で文理選択があるため、それより前に機会を提供する必要があります。その取組として、2023年1月に小・中・高校生向けのテクノロジーイベント「TEEN SUMMIT KAGA2023」を加賀市との共催で行った際も、ダイバーシティの観点からいくつかの工夫を加えました。

①キービジュアルのこだわり

　小学校から高校生までを対象としたイベントでしたが、小学生を対象にしてビジュアルや言葉を選ぶと中・高生は来なくなる一方で、小・中学生は

年上の人に憧れる傾向があります。そのため、高校生をメインターゲットとしたキービジュアルやハッシュタグを設定しました。

②メッセージングのこだわり

イベントへの参加を呼びかけるにあたって、ITやコンピュータ、テクノロジーという単語1つで「私には関係がない」と思われてしまうことは避けたいと考えていました。そのため「難しいと思っていたけど、実際にテクノロジーに触ってみたら、意外とできるかもしれない」というメッセージを伝えるべくキーメッセージを設定しました。

「女の子も男の子も、大人も。」という一節についても、「男の子も女の子も」ではなく、あえて「女の子も男の子も」にしています。あまり気に留めないような細かい点ではありますが、目線を少し変えることでよりメッセージ性をもたせています。

③コンテンツとネーミングのこだわり

TEEN SUMMIT KAGA の開催にあたっては11企業にご協力いただき、各企業においても女の子およびジェンダーマイノリティ向けの企画やARを活用したSNS映え企画などを提供してもらい、「女子が参加しやすいイベント」をともにつくり上げていただきました。

　各プログラムのネーミングについても、企画段階では「このままだと、ネーミングだけで引いちゃうよね」という議論があり、みんなのコードと加賀市が共同で運営する公共施設「コンピュータクラブハウス加賀」を利用する女子にも意見をもらって仕上げています。

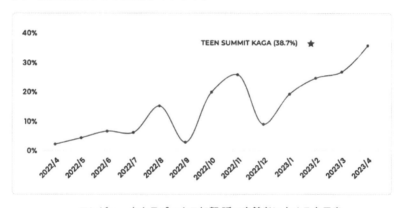

コンピュータクラブハウス加賀 延べ来館者に占める女子率

　TEEN SUMMIT KAGAではこうした工夫をこらした結果、プログラム参加の女子率が38.7％となりました。コンピュータクラブハウス加賀においても多くの女子が来館するようになり、一定の成果を上げられました。

　学校での具体的な取組においても、発表時のスピーカーを女性にするなど細部までダイバーシティにこだわった取組を展開できれば、ジェンダーギャップの解消に期待がもてるかと思います。

生成AIの話題にイマイチついていけない人の ための ChatGPT 体験講座

　情報技術の分野で男性主導になってしまうと女性が消極的になりがちだ という点は、教育現場に限らず民間企業でも見受けられます。みんなのコー ドの中でも、静かに自信を失っていた女性メンバーがおり、そうした事情も 背景に登壇者・参加者の全員が女性というオンラインイベント「生成AIの 話題にイマイチついていけない人のためのChatGPT体験講座」を行い、 60名以上の方に参加いただきました。

　イベントは応募開始早々に満席となり、事前の SNS での様子を見ても 「女性×ChatGPT」というかけあわせに対する関心の高さが伺えました。 イベントでは質問しづらいことやいいにくいことも自然といえるような雰囲気 をつくるべく、参加者の方からチャットで「"イマイチついていけていない"に まつわるエピソード」をいただくなどコミュニケーションを図ったことで、参加 者からは、

・女性限定で参加しやすく、事例もとても身近で良かった。

・今回のセミナーで生成 AI へのうっすらとした苦手意識がなくなりました。

・ジェンダーレス時代の中ではありますが「女性のための」としていただい て、本当によかったと感じています。普段の環境だと、言いたいことを言

えず、漏れてしまうことが多いです。
といった声をいただきました。

「ChatGPT関連の発信者、
男性ばかりじゃない？」

「・・・」

（そう言われましても、私の専門じゃないし・・・）

　同質性が高いからこその安心感を提供できたことで、心理的安全性の面などから女性限定としたことの意義を感じたほか、このイベントの企画者で非エンジニアのメンバーは「エンジニアではないから生成AIのことはわからない」「知識がなければこの分野にはついていけない」と、このイベントを企画する以前は自ら一歩引いてしまっていたことに気づかされました。

　小さくてもアクションしてみることで、手触り感と大きな自信につながると思いますし、こうした取組を通じて生活を豊かにする生成AI技術を使いこなす女性が増えていくことを楽しみにしています。

中学校1年生、夏休みの宿題に生成AIを使ってみる

　Column.01では、「AIを使った課題」を出すには、生徒のAIについての理解度や特性を理解した上で、課題設定をしなければならず、慎重に検討する必要があることを述べました。では、具体的にはどのような課題設定が良いのでしょうか。ここでは、中学校の課題に関するAI活用について考えてみたいと思います。

　前提として、どの年代においても、まずは使い方や付き合い方を学び、よりよく活用できる力をつけることが必要です。そのうえで、「とある中学1年生の夏休みの宿題」をテーマに、どのようにAIを有効に活用できるか、いくつか例を挙げてみます。いずれも、子どもたちが気軽に取り組めるものばかりです。

国語（和歌・短歌）
ChatGPTを活用して新しい和歌を作ってみる。
英語（日記）
日々の生活についてChatGPTとディスカッションし、その文章を記録&提出する。
社会（新聞）
夏休み中に起きた事件、事故についてChatGPTを活用しながら記事をまとめる。
美術（デザイン）
既に存在する写真やイラストを○○法の絵や写真に作り替える。
技術（プログラミング）
プログラミングのChatGPTを活用した予習・復習
家庭（調理）
弁当などの料理のレシピをChatGPTと一緒に考えて、提出。
音楽（作詞）
夏休みに出かけたこと、体験したことをテーマにしてChatGPTで曲の作詞を行う。

第**3**章

「生成AI」を
学校でどう活用する？

1 生成 AI 導入編：
授業で使うツールを準備しよう

①生成 AI ツール・ChatGPT

【概要】

　アメリカに本社を置く IT 企業・OpenAI がリリースした生成 AI ツールです。人工知能チャットボットとして、幅広い分野の質問に回答できることから注目を集めています。ビジネスはもとより、行政や教育においても活用が始まっています。

　活用法は多岐にわたりますが、学習元となったデータが誤っていると誤った回答を出力してしまう等の問題もあります。この ChatGPT を皮切りに、Google の Bard や Microsoft の Copilot などもサービスを開始しました。

【登録方法（2023年11月時点）】

　「ChatGPT」と検索し、https://chat.openai.com/にアクセスします。

https://chat.openai.com/

初めて登録する場合、「登録する」をクリックします。

　アカウント作成画面に移り、メールアドレスを入れる欄が出てくるので入力します。Googleアカウントなどによる SSO（シングルサインオン）でのログインも可能です。

メールアドレスを入れる場合、パスワードも設定します。

　登録が完了すれば、すぐに対話が可能です。「Message ChatGPT」
と表示されているスペースにテキストを入力できるので、そこに質問を入力し
ます。送信すると、ChatGPT が回答を生成してくれます。

　話題を変えたい場合は「New Chat」をクリックして入力しましょう。画
面左側にそれまでの話題が一覧形式で表示されるので、作業や役割ごとに

「New Chat」を選んで変更すると便利です。

②機械学習ツール・Teachable Machine （2023年8月時点）

【概要】

　Google が提供している、無料の機械学習ツールです。プログラミングの知識も不要で、誰でも簡単に機械学習のモデルを作れます。Web ブラウザから利用できるので、ツールをダウンロードしたりする必要もありません。

【何ができる？】

・画像学習

　画像ファイルや Web カメラの画像から、画像学習を行います。ポーズを学習させることも可能です。

・音声学習

　音声ファイルやパソコンに搭載されているマイクからの音声を使い、音声学習を行います。

【活用方法】

・画像学習では画像の分類などが可能です。学習した画像を使って、じゃんけんをするアプリや体のポーズで操作するゲームなどを開発できます。

・音声学習では、自分の声など特定の音を学習させることで、特定のコマンドに応答するアプリなどを開発できます。

【使い方・画像編】

　じゃんけんの手を認識させるアプリを作ります。まずは「Teachable Machine」と検索してみましょう。URLが「https://teachablemachine.withgoogle.com/」となっているページです。

Teachable Machine ティーチャブルマシーン

https://teachablemachine.withgoogle.com/

「使ってみる」をクリックします。

　「新しいプロジェクト」というページが出てくるので、画像を使用する場合は「画像プロジェクト」をクリックします。

「画像プロジェクト」を選ぶ

　「新しいイメージ　プロジェクト」というページに移るので、「標準の画像モデル」を選びます。

「標準の画像モデル」を選ぶ

　画像サンプルを追加するページが出てくるので、「Class 1」や「Class 2」となっている名前を変えて「Web カメラ」をクリックします。

名前を変えて「ウェブカメラ」を押す

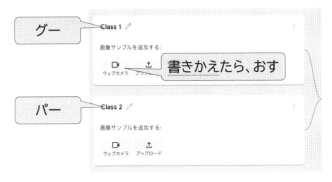

　左側に Web カメラの映像が映るので、「長押しして録画」をクリックして撮影します。角度や大きさ、場所などを変えながら、画像を50〜100枚撮影しましょう。右側には、何枚の画像を撮影したかが示されています。既存の画像を学習させる場合は、「アップロード」をクリックします。

画像を50〜100枚撮影する

この数

トン・ツー

いろいろな
場所・大きさ・角度で

グー・チョキ・パーを学習させよう

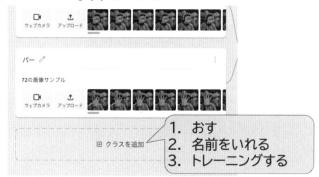

1. おす
2. 名前をいれる
3. トレーニングする

「グー」「チョキ」「パー」の3種類の画像が必要なので、「クラスを追加」をクリックします。「Class 3」が出てくるので、こちらも同様に名前を変えてから画像を撮影します。

すべての画像を撮影し終わったら、画面右側にある「モデルをトレーニングする」をクリックします。

【トレーニングしたモデルを Stretch3 で使う】

トレーニングしたモデルをもとに、プログラミングをしてみましょう。

「モデルをエクスポートする」ボタンを押したあとに、「モデルをアップロード」ボタンをクリックします。これで、学習したモデルを URL を指定するだけで使えるようになります。URL が生成されたら、共有可能なリンクをコピーしましょう。

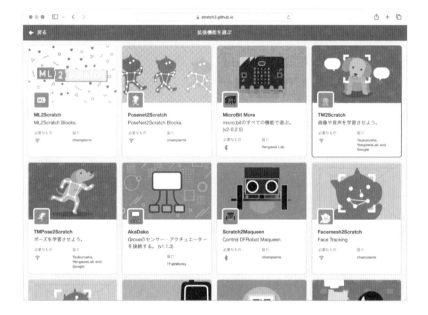

　つづいて、Stretch3 の Web サイト https://stretch3.github.io/ にア
クセスします。Stretch3 は Scratch で機械学習などの高度な拡張機能
を使えるようにつくられたサービスです。

　Stretch3 にアクセスしたら、画面左下にある拡張機能を追加するボタン
をクリックしましょう。通常の Scratch には出てこない拡張機能が用意され
ています。今回は、そのなかから「TM2Scratch」を使います。

　TM2Scratch は、Teachable Machine で学習したモデルを Scratch
で利用できるように開発された拡張機能です。拡張機能を追加すると、た
くさんのブロックが表示され使えるようになっています。

まずは、次のようなプログラムを作ってみましょう。

　<画像分類モデル URL> には、先程 Teachable Machine のサイトでコピーしてきた URL が入ります。URL を追加することで、Teachable Machine 上でトレーニングしたモデルを Stretch3 で使うことができます。

上記のプログラムを実行し、カメラに向かってグー、チョキ、パーをすると、ネコが出している手の形をしゃべってくれるはずです。もしうまく動作しない場合は、Teachable Machine 上でモデルを再トレーニングしてください。

　Stretch3 は Scratch 3.0 で提供されているほぼすべての機能を使うことができるので、機械学習を使ったプログラムをかんたんにつくることができるでしょう。例えば、いまはグー、チョキ、パーといっているだけですが、それぞれの画像を用意して、絶対に人に負けないじゃんけんマシーンをつくることもできるでしょう。さらに、トレーニングデータを改良し、缶とペットボトルを見分けるプログラムなどもつくることができます。

2 生成 AI 実践例（１）：授業での使い方

▌ 小学校6年生理科「水溶液の性質」

　小学校6年生の理科で水溶液の性質について学習します。さらに理解を深めるために安全でおもしろい実験のアイデアを生成AIに出してもらいましょう。

【ユーザー】小学校6年生の理科で水溶液の性質についての学習をします。酸性とアルカリ性についての理解を深めます。安全でおもしろい実験のアイデアを提供してください。

【ChatGPT】もちろんです！以下は、小学校6年生の理科の水溶液の性質に関する安全で面白い実験のアイデアです。ただし、実験を行う前に必ず教師や保護者の指導を受け、安全に気を付けてください。

1. 酸性・アルカリ性の指示薬で遊ぶ：
　赤キャベツのジュースを取り、これを酸性・中性・アルカリ性の溶液に加えてみましょう。ジュースの色が変化するので、異なる性質の液体を識別することができます。

2. 重曹と酢の反応：
　小さな容器に重曹を入れ、そこに徐々に酢を加えます。この反応で発生するガスに気づくことができ、同時に液体が酸性であることも理解できます。

3. レモン汁と重曹の反応：
　レモン汁（酸性）と重曹（アルカリ性）を混ぜ合わせると、泡が発生します。この反応によって、酸とアルカリの性質が理解できます。

4. pH実験紙を使用する：

　異なる液体（例：お茶、コーヒー、洗剤など）のpHを測定するためにpH実験紙を使用してみましょう。実験紙の色が変化することで、液体の性質を把握できます。

5. 酸性雨のシミュレーション：

　小さな容器に水を入れ、数滴の酸（例：レモン汁）を加えます。これに触れる紙や物体の変化を観察し、酸性雨の影響を理解します。

6. アルカリ性の洗剤の力：

　アルカリ性の洗剤を使って油を含んだ水を洗うと、汚れが浮き上がります。これによって、アルカリ性物質が油や脂肪を分解する力を学びます。

　これらの実験は、酸性とアルカリ性の基本的な概念を理解するのに役立ちます。ただし、安全に気を付け、実験を行う際には必ず教師や保護者の指導を仰いでください。

　提案された例の中で、「酸性雨のシミュレーション」というのが環境学習と関連付けることもできそうなので、やってみたいと思います。さらに、詳しい情報を示してもらいます。

【ユーザー】酸性雨のシミュレーションの実験について詳しく教えてください。

【ChatGPT】酸性雨のシミュレーション実験は、学生が酸性雨が環境に及ぼす影響を理解するのに役立ちます。以下は、簡単な酸性雨のシミュレーション実験の手順です：

材料：

1. 水

2. レモン汁（酸性を模倣するため）

3. 小さな容器またはボトル

4. 紙または布片

5. 小さな金属の物体（例：1円玉）

手順：

1. 水の用意：

　容器に水を半分ほど注ぎます。これは雨を模倣するための基本的な液体です。

2. 酸性を模倣する：

　レモン汁を加えて、水に酸性を模倣します。レモン汁を滴下して徐々に加え、水のpHが下がることを模倣します。これによって酸性雨の影響が起こります。

3. 物体の影響：

　酸性雨が物体や地表に与える影響を調査するために、金属の物体（例：1円玉）を水中に入れます。

4. 触媒反応の観察：

　金属の物体が水と酸性液に触れると、金属が反応して変色したり、表面に変化が生じる可能性があります。これによって、酸性雨が地表や物体に及ぼす影響を理解できます。

5. 紙や布への影響：

　別の実験では、レモン汁入りの水を紙や布片にかけてみましょう。これによって、酸性雨が植物や建築物に与える影響を模倣できます。

6. 観察と結論：
　学生に実験の観察結果を記録し、どのように酸性雨が影響を及ぼすのかについて考察させます。また、酸性雨の実際の環境への影響との関連性についても議論します。

　この実験を通じて、学生は酸性雨が地球環境に及ぼす潜在的な影響についての理解を深めることができます。

　手順が示されました。実際に授業に臨む前に、予備実験をするのは当然のことかと思います。また、この回答をヒントに「レモン汁 実験」という言葉で検索してみると、卵の殻を使う例などがあり、さらに展開を考える足がかりが見つかりました。

　続いてテスト問題を作ってもらいましょう。

【ユーザー】小学校6年生の理科で水溶液の性質を学習しました。テスト問題を作成してください。

【ChatGPT】
　もちろんです。以下は、小学校6年生の理科で学習した水溶液の性質に関するテスト問題です。

問題1: 溶液の特徴
水溶液についての記述の中で、正しいものを選んでください。
a）溶液は、溶かされた物質が水に完全に溶けている液体です。
b）溶液は、水に溶けた物質が見えなくなっている液体です。
c）溶液は、水に溶けた物質が沈殿している液体です。

問題2: 溶質と溶媒
　次の文を読んで、空欄に正しい言葉を入れてください。

水溶液は、（溶質／溶媒）と呼ばれる物質が（溶質／溶媒）によっ
て溶け込んだ液体です。
　（以下省略）

　溶質などの学習していない用語が出てきてしまいました。もう少し具体的
に要件を記述しましょう。各項目の区切りを示す記号として「###」を使う
とChatGPTに伝わりやすいようです。

【ユーザー】
指示
テスト問題を作ってください。

対象
小学校6年生

教科
理科

形式
穴埋め問題

学習した内容
（教科書などから引用する）

【ChatGPT】 穴埋め問題
1. 食塩水や石灰水から水を蒸発させると、残るのは固体です。これ
　は、これらの水溶液に固体が ＿＿＿＿＿＿ からです。

2. 二酸化炭素がとけた水溶液が、炭酸水です。ここで言われているのは、水溶液には _____ がとけているものがあります。

3. アンモニア水、塩酸、炭酸水から水を蒸発させて、何も残らなかったのは、それらの水溶液には _____ がとけているからです。

4. 水溶液のなかで、青色のリトマス紙だけを赤く変えるものは _____ の水溶液です。

5. 赤色のリトマス紙だけを青く変えるものは _____ の水溶液です。

6. 酸性の水溶液には金属をとかすものがあります。塩酸に金属がとけた液から出てきた固体は、元の金属とは違う物です。これは、金属が酸性の水溶液で _____ された結果です。

7. 水溶液には金属を別の物に変化させるものがあります。これは、水溶液が金属を _____ させることによって起こります。

　出力された結果が今一つと感じられた場合は、再生成（Regenerate：回答の下に表示される丸まった矢印のボタンを押す）してみましょう。そうすると違った結果が表示されます。ChatGPT は何度同じ質問をしても、人間と違って怒ったり、疲れたりしません。また、重複した問題や、ことばのつながりがおかしなところがあります。なので、再生成したり修正したりして意図したものに、最後は人が調整する必要があります。

中学校国語「高瀬舟」

　中学校の国語科で取り上げられる森鴎外の「高瀬舟」についての授業を考えていきます。高瀬舟は有名な作品ですが、まず ChatGPT が高瀬舟について正しく理解しているか確認する必要があります。

　【ユーザー】森鴎外の「高瀬舟」について教えてください。

　【ChatGPT】森鴎外（Mori Ōgai）の小説「高瀬舟（たかせぶね）」は、日本の近代文学における重要な作品の一つです。この小説は、1890年に発表されました。

　物語は、明治時代初期の日本を舞台にしています。主人公は、医者である津村嘉太郎です。彼はある日、高瀬舟と呼ばれる船で川を渡る際に、美しい女性である八重と出会います。八重は病気で倒れ、津村は彼女を手当てします。こうして津村と八重の関係が始まります。

　物語は、津村の医者としての仕事や、彼の周りの人々との関わり、そして彼と八重の関係の発展を描いています。この小説は、当時の社会や文化に対する洞察を含んでおり、人間関係や愛情、倫理などについて深い洞察を提供しています。

　また、作中には日本の文学における自然描写や心理描写が見られ、森鴎外の文学スタイルや彼の時代における文学の変遷を理解する上で重要な作品となっています。

　ハルシネーションが発生したので、「高瀬舟」のあらすじを与えたうえで筆者が何を伝えたかったのかを問います。

【ユーザー】以下は「高瀬舟」のあらすじです。この作品で、著者が何を伝えたかったのかを教えてください。（以下あらすじ、省略）

【ChatGPT】「高瀬舟」のあらすじからは、いくつかのテーマやメッセージが浮かび上がります。

1．人間の複雑な感情と善悪の判断：
　喜助の弟殺しの背後には、苦しむ弟への思いや、弟の死を望む彼の懇願があります。この出来事を通じて、人間の心情や行動の複雑さ、そして「悪」や「善」を判断する難しさが描かれています。庄兵衛は、法に基づく裁きに疑念を抱きながらも、腑に落ちない思いを抱えています。

2．生活の困難と希望：
　喜助は、高瀬舟に乗せられる罪人として出発しますが、彼の言葉からは生活の厳しさや貧困に対する叫びが感じられます。一方で、彼はたった200文という少額な金に希望を見出し、新たな仕事を始めることを望んでいます。庄兵衛は、これを通じて生活の分相応の満足と喜びについて考えさせられます。

3．人間の苦悩と覚悟：
　喜助が弟の苦しむ姿を見て覚悟を決め、剃刀を引き抜く場面では、人間の苦悩や困難に対する覚悟が描かれています。庄兵衛は、法の裁きとしての罪と、人情としての苦しみとの葛藤を経験します。

　総じて、この小説は善悪や人間関係、生きる苦しみと希望についての深い洞察を提供しています。森鴎外は人間の心の奥深さや社会の厳しさを通して、読者に考えさせる要素を巧みに組み込んでいます。

　さまざまな視点からメッセージを読み解けることが示されました。今回は表現として喜助が弟を安楽死させる場面があったので、ChatGPTから「コンテンツポリシーに反している可能性がある」という注意が最後に表示されました。

　では、示された視点を元に、感想文を書かせてみましょう。

【ユーザー】　中学生としてふるまってください。この作品の感想文を「人間の複雑な感情と善悪の判断」という視点で書いてください。

【ChatGPT】「高瀬舟」を読んで、感じたことは人間の感情や善悪の判断が本当に複雑で難しいものだということです。

　物語の主人公、喜助は、生活の苦しさや家族の病気による絶望的な状況に直面し、自分の手で弟を助けるために行動しました。その行動は善悪の判断が難しいものであり、喜助がどんなに困難な状況にあっても、彼の心情や動機を理解することは容易ではありませんでした。

　喜助の心情や状況を考えると、彼の行動が善であるか悪であるか一概には言えないと感じました。彼は家族を支えるために生きてきたし、弟が苦しむ姿を見ることができなかったからこそ、難しい選択をしたのかもしれません。一方で、法律や社会のルールには従わなければならないというのも事実です。

この作品を通して、人間の心情や善悪の判断が常に単純なものではなく、状況や背景によって変わることを学びました。時には物事を理解するためには、相手の視点や状況を考えることが必要であると感じました。

　また、この物語は社会の冷酷さや制度の問題にも触れており、法律と人間の心情が必ずしも一致しない現実も描かれています。人間関係や倫理について考えさせられる作品であり、喜助のような複雑な感情を持つ人間がどのように社会と向き合うかを考える良い機会になりました。

もう1つの視点です。

【ユーザー】 中学生としてふるまってください。この作品の感想文を「人間の苦悩と覚悟」という視点で書いてください。

【ChatGPT】
　「高瀬舟」を読んで、喜助の物語を通して人間の苦悩と覚悟について考えると、心が揺れ動く感情に包まれました。

　喜助は生活が厳しく、弟を支えるために奮闘しましたが、逆にその努力が彼を苦しめる結末となりました。家族を助けるためにどれだけ努力しても、時には状況が許さないことがあるというのはとても辛い現実です。彼の苦悩や絶望が、人間が困難に直面したときに感じる複雑な感情を思い起こさせます。

　一方で、喜助は自分の決断に覚悟を持って立ち向かっています。弟のために剃刀を取る瞬間や、罪を背負って遠島に赴く決断は、彼の強さと覚悟を感じさせます。人間の生きる中で難しい決断を迫られたとき、その選択にどれだけの覚悟が必要かを考えさせられました。

この物語を通して、人間は生きる中でさまざまな試練や苦悩に直面し、その中で覚悟を決めながら生きていくのだと感じました。時には努力や愛情だけでは物事を変えることが難しく、覚悟が必要な瞬間があることを理解しました。同時に、その覚悟こそが未来に向かって前進する力になるのだろうと思いました。

　あらすじを元に書かせているので、作品の叙述からずれている部分もあります。この感想文をAIが書いたものであるということを明らかにした上で、生徒に示し、批評させます。この活動を通して生徒たちは、適切な批判的思考を働かせたり、多様な視点で作品を読み深めたりする力を伸ばしていくことが期待できそうです。

　では、その授業の展開を考えてもらいましょう。

【ユーザー】2つの感想文をAIが書いたものだということを明らかにした上で生徒に示し、考えさせる授業を実施しようと思います。どのような展開が考えられるでしょうか。

【ChatGPT】素晴らしいアイデアですね！生徒たちにAIによって書かれた2つの感想文を見せ、それに対してどのような反応や意見を持つかを考えさせることで、彼らの思考力や議論力を伸ばす良い機会となるでしょう。

　以下は、そのような授業の展開の一例です：

授業の展開：
1．AI感想文の提示：
　最初に、AIが書いた2つの感想文を生徒たちに提示します。感想文は前回の回答を用い、生活の困難と希望に焦点を当てたものと、

「人間の複雑な感情と善悪の判断」に焦点を当てたものです。文の特徴や表現の仕方に注目して提示しましょう。

2. 反応のディスカッション：
　生徒たちに、提示された AI 感想文に対する率直な感想を言わせます。どちらが彼らにとってより感動的だと感じるか、またそれぞれの文章に共感できる部分や疑問に思う点は何かをディスカッションします。

3. 違いや相似点の指摘：
　生徒たちに、AI が書いた感想文同士の違いや共通点を見つけさせます。それが文の構造や表現だけでなく、感じられるメッセージやテーマにおいてもどのような違いがあるかを考えさせます。

4. AI と人間の違いの考察：
　生徒たちに、AI が感想文を書く際にどのような要素が考慮されているか、また人間の感想文とどのように異なるかについて考察させます。感情や経験の有無、文学的な洞察などに焦点を当て、AI と人間の違いを理解させます。

5. 自分の感想文の執筆：
　最後に、生徒たちに自分自身の感想文を書かせます。彼らは AI の感想文やディスカッションを通して得た洞察や考えを元に、自分なりの感想を述べることで、他の生徒たちとの議論や意見交換を促進します。

　このような授業を通して、生徒たちは AI と人間の表現力や感情の違いに気づくと同時に、文学や感想文を通して異なる視点から物事を見る力を養うことができるでしょう。

時間配分や具体的な活動について検討が必要ですが、1つのアイデアとして参考になるのではないでしょうか。国語科としての力を育成しつつ、生成AIが示した結果を鵜呑みにするのではなく批判的に読み解く情報活用能力の育成も期待できる授業づくりにつなげられそうです。

3 生成 AI 実践例（2）：校務での使い方

学年通信作り

　9月度の学年通信作りを、ChatGPT に手伝ってもらいます。ChatGPT の学習データは英語圏の文化を反映（ここでは9月に新学年が始まる）しているので、その点に注意しながら結果を見ていきましょう。

（2023年8月時点）

【ユーザー】小学5年生に、9月の学年通信を配布します。「夏休み明け」ということを踏まえて、1,000字程度で文面を作成してください。

【ChatGPT】
学年通信2023年9月号

　みなさん、こんにちは!新学期が始まりましたね。夏休みが終わり、新たな学年でのスタートです。夏休み中、みんなは楽しい思い出をたくさん作ったことでしょう。さあ、秋の新学期を迎え、元気に学びましょう!

1. 夏休みの思い出

夏休みはどんな思い出を作りましたか?キャンプや旅行、プールでの水遊び、友達との楽しいひとときなど、きっとたくさんの素敵な出来事があったことでしょう。クラスの友達とそれぞれの思い出話を共有してみてください。そして、新しい学年でのスタートにそのエネルギーを活かしましょう!

2. 新学年の目標

新学年では、新しいことを学び、成長するチャンスがたくさん待っています。各自、この学期の目標を考えてみましょう。例えば、算数の成績を上げる、新しい友達を作る、読書の時間を増やすなど、どんな目標でもかまいません。目標を持つことで、やる気がわいてくることでしょう。

3. 朝の時間を大切に

新学期において、朝の時間はとても大切です。毎朝、しっかりと起きて、朝食をとることが大切です。朝食は私たちの体と頭を元気にしてくれる魔法の時間なのです。適切な睡眠をとり、元気に学校へ来るよう心がけましょう。

4. お友達との協力

学校生活ではお友達との協力が大切です。一緒に学び、困ったことがあれば助け合い、楽しい時間を共有しましょう。いじめや嫌なことがあった場合は、必ず先生や保護者に相談しましょう。みんなが協力することで、素晴らしい学年になることでしょう。

5. 先生との信頼関係

先生方は私たちの成長をサポートしてくれる大切な存在です。授業で分からないことがあれば、どんどん質問しましょう。そして、信頼関係を築くことが大切です。先生とのコミュニケーションを大切にし、一緒

に学びましょう。

　新しい学期がスタートしました。夏休みの思い出を胸に、目標を持ち、協力し合いながら、素晴らしい学年にしましょう!みんなで頑張りましょう!

　そのまま使えるところもあれば、「新たな学年でのスタートです。」や「新学年では新しいことを学び」といった部分は書き換える必要があります。それでもゼロから書き始めるよりは時間が短縮できるはずです。また、提示された文案を見て、（そう言えばこれも書くといいな……）といったアイデアが浮かんでくることもあると思います。

　続けて、末尾に9月の予定も加えてもらいます。

【ユーザー】9月のスケジュールを加えてください。予定されているものは以下の通りです。

9/6　遠足（〇〇山記念公園）
9/11　研究授業（5時間目・算数）
9/21　運動会
9/22　運動会予備日

　運動会当日と予備日は給食が出ないので、お弁当を持参する旨も記載してください。

【ChatGPT】
9月の予定
9/6（火）：遠足（〇〇山記念公園）
9/11（日）：研究授業（5時間目・算数）
9/21（水）：運動会
9/22（木）：運動会予備日（給食が出ませんので、お弁当を持参し

てください)

　新しい学期がスタートしました。夏休みの思い出を胸に、目標を持ち、協力し合いながら、素晴らしい学年にしましょう!みんなで頑張りましょう!

さらに、先生自身がどんな夏休みを過ごしたかも加えてみます。

（2023年8月時点）

【ユーザー】

　さらに、先生自身の夏休みの過ごし方も盛り込みます。以下の3点を入れてください。

①先生が長野の実家に戻ってゆっくりできたこと

②先生が小学校時代からの友人と京都に旅行に出かけたこと

③先生が子どもたちの顔が見られずさみしさを感じたこと

【ChatGPT】

先生の夏休みの思い出

　さて、夏休み中、先生もいくつかの素敵な思い出を作ることができました。先生が長野の実家に戻ってゆっくりできたこと、小学校時代からの友人と京都に旅行に出かけたことなど、楽しい時間を過ごしました。

ただし、子どもたちの顔が見られず、さみしさを感じた瞬間もありました。新学期が始まり、また子どもたちと共に時間を過ごせることを楽しみにしています。

　夏休み明けは登校を渋ったりする子どももいるので、保護者の方に注意喚起をしようと思います。
　また文字数が多くなってしまったので、全体を1,000字程度にまとめてもらいます。

【ユーザー】夏休み明けは登校を渋ったりする子どももいるので、保護者の方に自宅での様子をよく観察するよう注意喚起をしてください。また文量が多くなってしまったので、全体を1,000字程度にまとめてください。

【ChatGPT】
　みなさん、こんにちは!　新学期が始まりましたね。夏休みが終わり、新たな学年でのスタートです。夏休み中、みんなは楽しい思い出をたくさん作ったことでしょう。さあ、秋の新学期を迎え、元気に学びましょう!

　夏休みは楽しい思い出をたくさん作ることができたことでしょう。キャンプや旅行、プールでの水遊び、友達との楽しいひとときなど、きっと素晴らしい経験がありましたね。それらの思い出を胸に、新しい学年でのスタートを切りましょう!

　新学期では、新しいことを学び、成長するチャンスがたくさん待っています。目標を持って前進しましょう。算数の成績を上げる、新しい友達を作る、読書の時間を増やすなど、どんな目標でもかまいません。目標を持つことで、やる気がわいてくることでしょう。
　また、新学期において朝の時間はとても大切です。しっかりと起き

て、朝食をとることが大切です。朝食は私たちの体と頭を元気にしてくれる魔法の時間なのです。適切な睡眠をとり、元気に学校へ来るよう心がけましょう。

　学校生活ではお友達との協力が大切です。一緒に学び、困ったことがあれば助け合い、楽しい時間を共有しましょう。いじめや嫌なことがあった場合は、必ず先生や保護者に相談しましょう。みんなが協力することで、素晴らしい学年になることでしょう。

　そして、保護者の皆様にお願いがあります。夏休み明けは登校を渋ったりする子どももいることがあります。お子様の自宅での様子をよく観察してください。何か気になることがあれば、すぐに学校にご相談いただければと思います。

　最後に、先生自身の夏休みの思い出を共有します。夏休み中、先生も長野の実家に戻ってゆっくりできたこと、小学校時代からの友人と京都に旅行に出かけたことなど、楽しい時間を過ごしました。ただし、子どもたちの顔が見られず、さみしさを感じた瞬間もありました。新学期が始まり、また子どもたちと共に時間を過ごせることを楽しみにしています。

　新しい学期がスタートしました。夏休みの思い出を胸に、目標を持ち、協力し合いながら、素晴らしい学年にしましょう!みんなで頑張りましょう!そして、保護者の皆様、お子様の様子をよく観察し、一緒に健やかな学年を築いていきましょう。

　スケジュールが抜けていたり、保護者の方への注意喚起と児童生徒へのメッセージが分けられていなかったりとさらに推敲する必要があります。また、欧米では夏休み明けに進級することから「新たな学年でのスタート」

となっている部分があるので、こうした細かい点にも修正が必要です。

とはいえ全体的な流れは問題なさそうなので、この草稿から先生自身の手直しをすることで、これまで作成にかかっていた時間を大幅に短縮することができそうです。

最後に ChatGPT にお礼を言うと、こんな言葉を返してくれます。

ありがとうございました！

どういたしまして！お役に立てて嬉しいです。新学期が素晴らしいものとなることを願っています。何か質問やお手伝いがあればいつでもお気軽にどうぞ。頑張ってください！

修学旅行のしおり

【ユーザー】あなたは名古屋市の小学校教師です。あなたは6年生を引率して、京都・奈良の修学旅行に行くことになりました。以下の条件に従って、修学旅行のしおりを作成してください。
【1日目】
午前7時集合。
バスにて奈良県明日香村11時着。
16時まで班ごとの研修。
17時旅館着。
18時夕食。
19時より、1クラス30分の入浴時間（19：00〜1組、19：30〜2組、20：00〜3組）
21時00分オリエンテーリング。
22時消灯。

【ChatGPT】
修学旅行のしおり（1日目）
【1日目】
・午前7時に名古屋市内の指定場所に集合しましょう。
・集合後、バスに乗車し、奈良県明日香村へ向かいます。バスの出発は午前7時30分です。
・昼食はバス内で各自持参したお弁当を食べてください。
・明日香村には午前11時に到着予定です。
【午後のスケジュール】
・11時から16時まで、班ごとに分かれて地域研修を行います。各班は指定されたテーマに基づいて学びましょう。
・17時に旅館にチェックインし、部屋に荷物を置いてください。
・18時に旅館内のダイニングルームで夕食を楽しみましょう。
【夕刻のプログラム】
・19時から20時半まで、1クラスごとに30分の入浴時間が設けられています。
・19:00-1組
・19:30-2組
・20:00-3組
・21時にはオリエンテーリングの活動が予定されています。夜の自然を楽しむ絶好の機会ですので、楽しんでください。
・22時には宿泊施設の消灯となります。夜はしっかり休息をとり、明日の活動に備えましょう。
　1日目は充実したスケジュールとなっています。楽しい修学旅行にしましょう!

【ユーザー】

　以上の内容を Word に転記するので、表にしてください。

【ChatGPT】

　以下は修学旅行のしおりを Word で表にしたものです。お役に立てれば幸いです。

修学旅行のしおり（1日目）
【1日目】
- 午前7時に名古屋市内の指定場所に集合。
- バスに乗車し、奈良県明日香村へ向かう。
- バス出発時間：午前7時30分。
- 昼食：バス内で各自お弁当を食べる。
- 明日香村到着予定：午前11時。
【午後のスケジュール】
-11時から16時：班ごとに地域研修を実施。
- 各班は指定されたテーマに基づいて学習。
-17時：旅館にチェックインし、荷物を部屋に置く。
-18時：旅館内のダイニングルームで夕食。
【夕刻のプログラム】
-19：00-20：30：1クラスごとに30分の入浴時間。
-19：00-1組
-19：30-2組
-20：00-3組
-21時：オリエンテーリング活動。
-22時：宿泊施設の消灯。
1日目は充実したスケジュールで、楽しい修学旅行を楽しみましょう！

　この表を Word に転記し、必要に応じて書式設定やデザインを調整してください。

【ユーザー】

　1行目には工程を、2行目には各工程における注意点を記してください。

【ChatGPT】

修学旅行のしおり（1日目）

工程	注意点
午前7時集合	- 遅刻のないように時間に余裕を持って集合しましょう。
バスにて奈良県明日香村へ	- バス内ではマナーを守り、安全に過ごしましょう。
11時着	- 昼食はバス内でお弁当を食べ、ゴミは各自で持ち帰りましょう。
班ごとの研修	- 指示に従って行動し、ガイドの説明に注意しましょう。
旅館着	- チェックイン後は荷物を安全に保管しましょう。
夕食	- 食事中は他の宿泊客への配慮を忘れずに。
入浴時間	- 入浴時間を守り、順番を守りましょう。
オリエンテーリング	- 夜の自然を楽しむ絶好の機会ですが、安全に注意しながら楽しんでください。
消灯	- 静かに過ごし、休息をとりましょう。

　1日目は充実したスケジュールとなっています。注意事項を守りつつ、楽しい修学旅行にしましょう!

【ユーザー】

　タイムスケジュールをわかりやすくしたいので、1行目に時刻、2行目に工程内容、3行目に注意点が来るように整形してください。

【ChatGPT】

修学旅行のしおり（1日目）

時刻	工程	注意点
7：00	集合	- 遅刻のないように時間に余裕を持って集合しましょう。
7：30	バス出発	- バス内ではマナーを守り、安全に過ごしましょう。
11：00	明日香村到着	- 昼食はバス内でお弁当を食べ、ゴミは各自で持ち帰りましょう。
11：00	班ごとの研修	- 指示に従って行動し、ガイドの説明に注意しましょう。
17：00	旅館チェックイン	- チェックイン後は荷物を安全に保管しましょう。
18：00	夕食	- 食事中は他の宿泊客への配慮を忘れずに。
19：00	入浴（1組）	- 入浴時間を守り、順番を守りましょう。
19：30	入浴（2組）	- 入浴時間を守り、順番を守りましょう。
20：00	入浴（3組）	- 入浴時間を守り、順番を守りましょう。
21：00	オリエンテーリング	- 夜の自然を楽しむ絶好の機会ですが、安全に注意しながら楽しんでください。
22：00	消灯	- 静かに過ごし、休息をとりましょう。

　この表形式のスケジュールで、各工程とその注意点がわかりやすく整理されています。楽しい修学旅行をお楽しみください！

【ユーザー】

　同様の形式で、2日目のしおりも作成してください。スケジュールは以下の通りです。

【2日目】・6時30分起床・7時までに布団の片づけや着替えを済ませる・7時から8時まで朝食・8時から8時半まで部屋の清掃・8時30分点呼（駐車場）・点呼後京都まで観光バスで移動・10時30分京都駅着・19時00分まで各班ごとに行動、19時にホテル集合・19時に各班点呼・19時30分から21時まで夕食・21時から各クラスごとに入浴（1組21時から、2組21時30分から、3組22時から）・23時消灯

【ChatGPT】

修学旅行のしおり（2日目）

時刻	工程	注意点
6：30	起床	- 早めに起きて、次の活動に備えましょう。
7：00	布団片づけと着替え	- 朝の準備を早めに済ませ、スムーズな行動を心がけましょう。
7：00-8：00	朝食	- 朝食はゆっくり食べて、一日のエネルギーをチャージしましょう。
8：00-8：30	部屋の清掃	- 自分たちの使った部屋をきれいにし、次の利用者に気を配りましょう。
8：30	点呼 (駐車場)	- 点呼には必ず参加しましょう。出発前の確認が大切です。
京都へ移動		
10：30	京都駅着	- 移動中は安全に注意し、楽しい観光バスの旅を楽しんでください。
19：00	各班ごとの行動	-各班は安全を第一に、楽しい時間を過ごしましょう。
19：00	ホテル集合	- 予定の時間にホテルに集合し、次のスケジュールに備えましょう。
19：00	各班点呼	- 点呼には必ず参加しましょう。全員の安全を確保しましょう。
19：30-21：00	夕食	- 食事中は静かに楽しみましょう。他の宿泊客に迷惑をかけないように注意しましょう。
21：00-22：30	入浴	- 入浴時間を守り、順番を守りましょう。
23：00	消灯	- 静かに過ごし、休息をとりましょう。

　　2日目のスケジュールも整理され、各工程と注意点が明示されています。楽しい修学旅行をお楽しみください!

【ユーザー】

入浴の項目に、各組ごとの入浴時間を追加してください。

【ChatGPT】

修学旅行のしおり（2日目）

時刻	工程	注意点
6：30	起床	- 早めに起きて、次の活動に備えましょう。
7：00	布団片づけと着替え	- 朝の準備を早めに済ませ、スムーズな行動を心がけましょう。
7：00-8：00	朝食	- 朝食はゆっくり食べて、一日のエネルギーをチャージしましょう。
8：00-8：30	部屋の清掃	- 自分たちの使った部屋をきれいにし、次の利用者に気を配りましょう。
8：30	点呼（駐車場）	- 点呼には必ず参加しましょう。出発前の確認が大切です。
京都へ移動		
10：30	京都駅着	- 移動中は安全に注意し、楽しい観光バスの旅を楽しんでください。
19：00	各班ごとの行動	- 各班は安全を第一に、楽しい時間を過ごしましょう。
19：00	ホテル集合	- 予定の時間にホテルに集合し、次のスケジュールに備えましょう。
19：00	各班点呼	- 点呼には必ず参加しましょう。全員の安全を確保しましょう。
19：30-21：00	夕食	- 食事中は静かに楽しみましょう。他の宿泊客に迷惑をかけないように注意しましょう。
21：00-21：30	入浴（1組）	- 入浴時間を守り、順番を守りましょう。
21：30-22：00	入浴（2組）	- 各組の指定された入浴時間に注意し、迅速に入浴しましょう。
22：00-22：30	入浴（3組）	- 入浴後は早めに休息をとりましょう。
23：00	消灯	- 静かに過ごし、休息をとりましょう。

　入浴の項目に各組ごとの入浴時間が追加され、スケジュールがわかりやすくなりました。楽しい修学旅行をお楽しみください！

【ユーザー】

　各班ごとに以下の係を割り振っているので、各工程ごとに各係が取るべき行動も行に追加してください。

【各班ごとの係と役割】①班長⇒各般の責任者として、点呼確認や教師との連絡役を担います。②美化・宿泊係⇒部屋内での室長として、清掃などの責任を負うほか、バス車内を汚さないよう監督します。③マナー係⇒公共施設内で騒いだりしないよう、班員を監督する役目を負います。④レク係⇒車内でのレクリエーションなどを計画します。

【ChatGPT】

修学旅行のしおり（2日目）【各班ごとの係と役割】

時刻	工程	係と役割	注意点
6：30	起床	－各班班長：起床の準備を促す。	－早めに起きて、次の活動に備えましょう。
7：00	布団片づけと着替え	－各班美化・宿泊係：部屋の清掃をリード。	－朝の準備を早めに済ませ、スムーズな行動を心がけましょう。
		－各班班長：各班の起床状況を確認。	
7：00-8：00	朝食	－各班マナー係：レストランでのマナー。	－朝食はゆっくり食べて、一日のエネルギーをチャージしましょう。
		－各班レク係：レクリエーションの提案。	
8：00-8：30	部屋の清掃	－各班美化・宿泊係：部屋の清掃をリード。	－自分たちの使った部屋をきれいにし、次の利用者に気を配りましょう。
		－各班班長：清掃の進捗を確認。	
8：30	点呼（駐車場）	－各班班長：点呼確認。	－点呼には必ず参加しましょう。出発前の確認が大切です。
京都へ移動			

10：30	京都駅着	- 各班班長：到着時刻を把握。	- 移動中は安全に注意し、楽しい観光バスの旅を楽しんでください。
19：00	各班ごとの行動	- 各班班長：各班の行動確認。	- 各班は安全を第一に、楽しい時間を過ごしましょう。
19：00	ホテル集合	- 各班班長：集合確認。	- 予定の時間にホテルに集合し、次のスケジュールに備えましょう。
19：00	各班点呼	- 各班班長：各班の点呼確認。	- 点呼には必ず参加しましょう。全員の安全を確保しましょう。
19：30-21：00	夕食	- 各班マナー係：レストランでのマナー。	- 食事中は静かに楽しみましょう。他の宿泊客に迷惑をかけないように注意しましょう。
21：00-21：30	入浴（1組）	- 各班班長：入浴時間を確認。	- 入浴時間を守り、順番を守りましょう。
21：30-22：00	入浴（2組）	- 各班班長：入浴時間を確認。	- 各組の指定された入浴時間に注意し、迅速に入浴しましょう。
22：00-22：30	入浴（3組）	- 各班班長：入浴時間を確認。	- 入浴後は早めに休息をとりましょう。
23：00	消灯	- 各班班長：部屋の消灯確認。	- 静かに過ごし、休息をとりましょう。

　各工程ごとに各班の係と役割を明示し、行動を効果的に調整できるようにしました。楽しい修学旅行をお楽しみください!

【ユーザー】
工程表とは別に、生徒が注意すべき事項などをまとめようと思います。以下の3点についてまとめてください。・修学旅行の目的・修学旅行の心得（マナーを守る、10分前行動の徹底など）・持ち物（着替えなど）また、持ち物についてはチェックリストを作成してください。

【ChatGPT】
修学旅行の目的：

・京都・奈良修学旅行の目的は、日本の歴史や文化に触れ、地域の魅力を学び、仲間との協力と友情を深めることです。この旅行を通じて、歴史的名所や文化財を訪れ、日本の伝統と価値を理解し、教育的な体験を積むことが目的です。

修学旅行の心得：

1．マナーを守る：

・公共施設や宿泊施設でのマナーを守りましょう。静かにし、きれいに使いましょう。

・他の観光客や地元の人々に配慮し、礼儀正しく行動しましょう。

2．10分前行動の徹底：

・予定の時間には必ず10分前に集合場所にいるようにしましょう。遅刻をしないように注意しましょう。

・指示やスケジュールに従い、順番を守りましょう。

3．安全第一：

・安全に注意し、交通ルールやガイドの指示を守りましょう。

・他のメンバーと連携し、危険を回避するために協力しましょう。

持ち物のチェックリスト：

・修学旅行中に必要な持ち物を忘れないようにしましょう。以下は基本的な持ち物の一覧です。

1．旅行用バッグ

・身分証明書（学生証や保険証など）

・財布や小銭入れ

・スマートフォンや充電器

・バスの座席ポケットに必要なものを収納

2．衣類

・2～3日分の着替え（Tシャツ、シャツ、ズボン、靴下、下着）

・軽くて快適な歩きやすい靴

・レインコートや傘（天候に応じて）

・トイレタリーセット（歯ブラシ、歯磨き粉、シャンプー、石鹸など）

3. 防寒具

・季節に合わせたジャケットやセーター

・防寒具（帽子、手袋、マフラーなど）

4. その他

・水筒（水分補給用）

・ノートや筆記用具

・カメラや写真機材（任意）

・個人の薬や持病のある場合の薬

　このチェックリストを参考に、必要な持ち物をしっかりと用意しましょう。修学旅行を快適に楽しむために、計画的な準備が大切です。

【ユーザー】

　チェックリストをチェックボックス付きの表にしてWordに転記したいので、体裁を整えてください。

【ChatGPT】

もちろん、以下に持ち物のチェックリストをチェックボックス付きの表に整形し、Word 形式で提供します。ご活用ください。

項目	チェック
身分証明書	
財布や小銭入れ	
スマートフォンと充電器	
旅行用バッグ	
2〜3日分の着替え	
靴	
靴下	
下着	
レインコートや傘	
トイレタリーセット	
水筒	
ノートや筆記用具	
カメラや写真機材	
薬	
ジャケットやセーター	
帽子、手袋、マフラー	

4 小学校の導入事例：
千葉県印西市立原山小学校

▌実施の背景

　生成 AI の活用が各方面で進む中、AI が作ったものか人間が作ったものを判別することが難しかったり、ハルシネーションに惑わされることもあったり、具体的な利活用の様態についてはさまざまな議論が各所で行なわれています。

　また OpenAI 社による ChatGPT の利用規約には「利用は13歳以上」と明記されているものの、厳密な年齢認証は特になく、誰でも利用できる状態にあるのが実情です。他サービスでも似たような状況で、生成 AI の乱用や誤用によっては、子どもたちの批判的思考力や創造力への影響、個人情報や著作権などの問題が発生することが予想されています。

　一方で文部科学省が告示している学習指導要領では、「情報活用能力」を「学習の基盤となる資質・能力」と位置づけており、子どもたちが情報を活用していくためのツールの1つとして、生成 AI サービスを使いこなす視点や経験が必要になります。

　こうした中、印西市立原山小学校では2023年度より「生成 AI の特性を知り、どのように向き合い、活用していけばよいか」を学習することを決定。同校の5年生の学習活動を、みんなのコードが支援し、次のような内容で実施しました。

▌単元の目標

①知識・技能
- ・AI のしくみや特性を理解できる
- ・AI 技術を活用してプログラムを組む方法を理解できる

②思考力・判断力・表現力
- ・身近な生活を豊かにするための AI の活用について考えることができる
- ・AI の特性を理解した上で、社会の中での AI の活用のあり方を考えることができる

③主体的に学習に取り組む態度
- ・自分の意図に近づくよう、試行錯誤しながら粘り強く取り組もうとする
- ・身近な生活や社会の中におけるAIの適切な活用について進んで考えようとしている

▌単元の指導計画

時	学習活動	留意点など
1	・AI について知っていること、学びたいことについて話し合う ・AI を使っていないプログラムと使ったプログラムを比べて違いに気づく	・フォームなどに記入させ、単元の振り返りで参照できるようにする ・あらかじめ簡単な体験用プログラムを作っておく
2	・画像認識 AI で機械学習を体験する ・学習データによって認識結果が左右されることに気づく	・Teachable Machine を利用する
3	・画像認識 AI によって解決できそうな身の回りの問題を見つける ・解決方法を考え、プログラミングする	・どうしても思いつかない児童には、ヒントになる事例カードをいくつか提示する
4	・解決方法を考え、プログラミングする ・グループ内で中間発表をする	・Stretch 3 の拡張機能（TM 2 Scratch）を使う ・Scratch 拡張機能（TM 2 Scratch）使い方 ・自動では保存されないので、小まめに保存するよう声をかける
5	・プログラミングの続きを進める	・Teachable Machine と Stretch 3 を組み合わせて問題解決をするプログラムの作成を続ける

6	・作ったプログラムを共有する	・友達のプログラムを見て、発想を広げる
7	・生成 AI について知り、実際に使ってみた上でしくみや特性を理解する	・もっともらしく不正確な回答をする場合もあることを確認する ・大量のデータをもとに学習し、統計的に最も確率の高い言葉を連ねていて、考えているわけでもなく、感情もないことを知らせる
8	・生成 AI を使った結果について共有し、どのように付き合っていったらよいか考える	・明確な指示、対話を重ねてより意図に即した結果を得る工夫、回答の適否について確認する方法などをおさえる

▍実施上の留意点

　今回の取り組みでは、学校向け生成 AI サービスを使用しました。学校向け生成 AI サービスでは利用登録で入力した個人情報が OpenAI 社には渡らず、対話内容も AI の学習データに利用されることはありません。入力内容はすべて記録しているので、先生による確認も可能です。授業後は子どもたちがアカウントを使えないように設定できます。

　また、事前に保護者から先生の指導・監督の下で利用することの同意をとっています。生成 AI を巡る現状や教育的意義を書面で説明した上で、生成 AI の利活用にさまざまな議論や懸念の声があるという現状を説明し、情報活用ツールとして生成 AI を使いこなす視点や経験の必要性を訴えました。

▍指導のねらい

・生成 AI サービスの特性を知り、実際に利用することで、当サービスとどのように向き合い、活用することが望ましいかを学ぶ
・自身の問題解決をサポートするための活用
・自律的で適切な行動の必要性

授業の内容

●1時間目

　まずは AI について8時間かけて学んでいくことを子どもたちに伝えた上で、AI についてのイメージやこれまでに知っていること、知りたいことや学びたいことを全体で共有した後に、AIを使わないプログラムを紹介しました。

　AIを利用しないプログラムの一例として、「色」を判定し動作を分岐させるプログラムを扱いました。曖昧な判定ができないので、扱う「色」を増やそうとすると判定条件もその分増え、プログラムが複雑になってしまうことを理解します。

●2・3時間目

　ここでは画像認識 AI で機械学習を体験すること、学習データの量や偏りによって認識結果が左右されることに気づくことを授業目標としました。

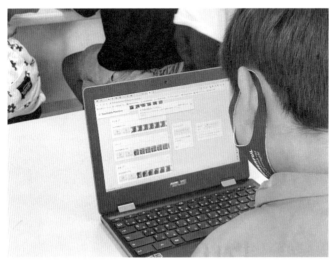

　この時間は、まず導入時の「知りたいこと」や前時の振り返りなどをいくつか選び、AIを使わないプログラムと使ったプログラムの対比を復習する

ことから始めました。その後グー・チョキ・パーを画像認識AI（Teachable Machine）で判別する体験をして仕組みを理解した上で、「手の形の特徴にどれだけ近いか」によって判定していることを理解させ、従来のプログラムは「事前に設定した条件に合うか合わないか」で判別し、AIを使ったプログラムは「学習したデータにどれだけ近いか」で判別しているということを教えています。

●4時間目

この時間は「解決方法を考えプログラミングする」「グループ内で中間発表をする」ことを主眼に置いています。

まず国旗を判別するプログラムのデモを行いました。次に、前回学んだTeachable Machineの作成手順を確認しました。トレーニングしたモデルをエクスポートしてモデルのURLをコピーし、さらに発展形としてScratchと連携させジャンケンを判別するプログラムを提示・実演しています。

その後Teachable MachineとStretch3を組み合わせて問題解決をするプログラムを作成し、その時点まででできたところの中間発表をしました。

●5・6時間目

　プログラミングの続きを進め、作ったプログラムを共有する時間です。この時間内で、実際に画像認識が使われている例を紹介しました。

●7・8時間目

　この時間では、以下の2点を目標としました。
・生成 AI について知り、実際に使ってみた上でしくみや特性を理解する
・生成 AI を使った結果について共有し、どのように付き合っていったらよいか考える

　生成AIはもっともらしく不正確な回答をする場合もあると確認することで、「大量のデータをもとに学習し、統計的に最も確率の高い言葉を連想ゲーム的に重ねているにすぎない」ことを認識させています。感情をもって考えているわけではないことを理解し、ハルシネーションやイライザ効果へ対処できるようにしています。

　また実際に生成 AI を使って明確な指示や対話を重ねることで、より意図に即した結果を得る工夫や回答の適否について確認する方法などを実践的に学びました。

　具体的には最初に簡単な使い方を示した上で、実社会での活用事例を示しました。この際にどうして自然な対話ができるのかという仕組みを教えた上で、個人情報や秘密などを入れないよう最低限の注意を行い、実際に使用して気付いたことや疑問を共有しています。

　子どもたちが生成 AIと対話する際、あまりよい活用例が出てこない場合は物語を作らせたり、なりきらせたりといったモデルケースを紹介することも予定していました。

気づいたことなどの共有においては、「自分が使うことになったら何に使いたいか」「心配なことや疑問はあるか」といった、生成 AI の特性や活用例・注意点などを自分の言葉でまとめた上で議論しました。

その後で対話型 AI は Microsoft Bing（現 Copilot）や Bard などもあることを知らせ、これからもいろいろなサービスが出てくることが予想されるものの、基本的な仕組みはどれも変わらないことを伝えています。

▌ 子どもの気づき

子どもたちは、生成 AI の利用開始直後から柔軟に質問を入力していました。授業後半には物語や音楽を作る、絵文字を使ってじゃんけんをするといった活動も見られ、中でも音楽の制作に取り組んだ子どもの中には作詞だけでなく音階の表現に挑戦する例も見られました。

実践の中で工夫した点について、
・AI がわかりやすいように、質問を変えるとうまく使えた
・抽象的な質問ではうまくいかなかったが、質問の情報を増やすとうまくいった
と振り返る子どももおり、新たな情報技術を受容するスピードの早さに驚かされました。生成 AI と対話を重ねることで、より良いアウトプットを得ながら徐々に創造的な活用に移行していました。

また、子どもたちが生成 AI と対話する中で、
・印西市の人口が古い数字だった。最新の情報は学習されていないので出てこない
・画像認識 AI でも学習したように、AI がすべて正しいとは限らない
という気づきがあり、実際に間違った回答が出てくるという体験をしてから仕組みを知ることで、なぜ AI が間違えるのかという理解が深まったようです。

仕組みを理解した上で実際に使ってみると、

・AIにアイデアを出してもらった上で、人間が考えることが必要
・AIには未来のことは分からない・予測できない
・難しいことを教えてくれるけれど、人間みたいにどんなことでも対応できる
　わけではない

など、多くの気づきが子どもたちから出された事も印象的でした。

■ アンケート結果

　学習の事前／事後で子どもにアンケートを実施したところ、AIに対する
イメージでは、「暮らしを豊かにする」「生活にいい影響を与える」といった
ポジティブなイメージを選んだ子どもが学習後に増加し、「なんでもできる」
「正しい判断ができる」といった過大な期待をもつ子どもは減少傾向となり
ました。

　一方で「不安である」「なんとなくこわい」というネガティブな選択肢を選

んだ子どもも増えており、ハルシネーションなどのリスクを理解することで
「気をつけて使わなければならない」という認識を持った子どもたちが増え
たことがうかがえます。

　今後はリスクを恐れすぎて AI に忌避感をもつことのないよう、AI の危険
性を正しく認識するために、今回不安を感じなかった子どもたちも含めて学
び続ける必要があるといえるでしょう。

5 中学校の導入事例：
石川県加賀市立橋立中学校

▌ 実施の背景

　総合的な学習の時間で課題解決に取り組む場合、多くのケースでは教室には先生と子どもたちしかおらず、課題発見の視野が狭くなってしまったり、解決のためのアイデアが乏しいといった状況に陥りがちです。

　こうした課題は全国の学校で発生していますが、解決策の1つとして地域の方や外部の方にゲストティーチャーとして授業に入っていただき、課題の見つけ方や子どもたちが作成した解決策に対してのアドバイスをもらうという方策が取られることがあります。今回の取り組みは、こうした子どもたちによる課題探究や解決の支援に ChatGPT を活用するものです。

　みんなのコードが支援する石川県加賀市では、市内6校の中学校で総合的な学習の時間に、地域の課題解決に取り組む「加賀 STEAM」という学習活動を行っています。各学校の先生と対話を進める中で、橋立中学校の先生から「地域の課題発見や解決に、生成 AI を活用できないか?」という相談を受けました。

　こうした中で、みんなのコードでも「生成 AI の初等中等教育でのガイドライン策定に向けた提言」を発表したタイミングだったこともあり、中学校における授業支援を行うことになりました。

授業の目標

授業目標は以下の4点です。
① ChatGPT を用いて AI とのやり取りを体験する
② ChatGPT に対して、必要とする回答を得るために相応しい問い（プロンプト）について考える
③ ChatGPT の情報を鵜呑みにするのではなく、クリティカルシンキングの目を育む
④ 生活や学習のさまざまな場面で AI が活用できることに気づく

授業の指導計画

　全体設計としては① ChatGPT の仕組みを学ぶ、② ChatGPT の活用方法を学ぶ、という2コマの授業で構成し、各授業は50分で実施しました。1コマ目は ChatGPT を体験しながら、その仕組みを知る時間とし、2コマ目は ChatGPT を活用してクラスメイトと一緒に課題に取り組みました。

学習内容	学習活動・内容	指導上の留意点
本時の説明 （10分）	加賀 STEAM 学習の目的について理解する。 本時の目標について理解する。	・加賀STEAMではテクノロジーは PBL を進めていくための手段である。 ・ChatGPT を使う目的を理解する。
ChatGPT を体験してみる （5分）	アニメやゲームのことを ChatGPT に尋ねてみる。	生徒たちにとってなじみのあるテーマを調べさせる
ChatGPT はなぜ間違える、ウソをつくのか？	出てきた答えが、正しいか調べてみる。 Web で、本で、人に直接聞いて、情報の正しさってどうやって確認するのか考える。	生徒にその回答の正しさについて確認させる、考えさせる（正確さをどうやって確認するかも合わせて） 書籍や公式 HP など確からしいソースを複数調べる

ChatGPT の解説（5分）	ChatGPT のしくみを説明 ・検索サイトのように世界中の Web サイトから答えを探しているわけではない ・言葉をつなぎ合わせて出力しているだけ ・ChatGPT は正解を知らない＝答えを尋ねられるのは得意ではない	・言葉を確率的に導き出して繋いでいるイメージをもつ ・検索サイトで調べられることはそちらを利用する。 ・そもそも Web ページの正確性も疑いながら利用する心構え
ChatGPT の実習 1 スローガン（10分）	運動会のスローガンを作ってみる。 アイデアを広げる活動を体験する。	・班ごと 3～4 名に分かれる ・アイデアを複数出させて、そこから自分たちで選んでいく作業を体験する ・入れたい単語やイメージ、文章の長さなどを意識させる
ChatGPT の実習 2 しりとり（15分）	しりとりのルールを入力しながら、しりとりゲームを作っていく。 完成したら、メンバー同士で遊んでみる。	・教員、メンターの PC で ChatGPT を動作させ、入力する指示を重ねるごとに動作が正確になっていく様子をみる
ChatGPT の実習 2 しりとり	隣のチームと対戦させてもよい。	参考資料
ChatGPT の得意なこと／苦手なこと（5分）	○アイデアを出してくれる ○文章をまとめてくれる ×情報の出所が不明 ×情報が最新でない	・答えを教えてもらうのではなく、相談に乗ってもらうイメージ ・検索サイトなどで検索すれば済むことは検索サイトで調べる
休み時間（10分）		
制作・作業の説明（5分）	金沢を訪れる旅行客向けのプランを作ってみよう。 作業内容の説明を聞く。	・3 つ班があるので①～③のお客さんを 1 つ選んでプランを考えさせる ・お客さんの好みや希望に応えられるように考える＆ ChatGPT に質問する

作業（25分）	1日の旅行プランを考える 発表スライドにまとめる →下記テンプレートを利用する	・内容に間違いがあったら、指導者が指摘していく ・移動時間などは意識しなくてよい。全体のボリュームを意識させる ・あくまで提案なのでターゲットが喜んでくれそうなポイントを押さえる ・発表資料は生徒のPCで作成する
発表（15分）	各班ごとに前に出て発表 ・全体のルート説明 ・お客さんの希望に対しどこがアピールポイントか？	
まとめ（5分） AI技術を使うに当たっての心構え	今日のまとめ ChatGPTでできること／できないこと／気をつけることの振り返り 人類にとっての「火」と一緒	・火事も怖いけど、料理をするのも工業製品を加工するにも火は必要

　今回の取り組みでは、事前に保護者から教職員の指導・監督の下で生成 AI を利用することの同意をとっています。生成 AI を巡る現状や教育的意義を書面で説明したうえで、生成 AI の利活用にさまざまな議論や懸念の声があるという現状を説明し、情報活用ツールとして生成 AI を使いこなす視点や経験の必要性を訴えました。

▌授業の内容

1時間目：「体験しながら ChatGPT のしくみを知る時間」

　授業の前半は「ChatGPT で運動会のスローガンを作ろう！」というテーマで進めました。ChatGPT に指示を与え、生成されたスローガンに対し子どもたちが相談を重ね、さらに追加の指示を出すということを繰り返し、自分たちの欲しいイメージのスローガンを作りました。

① ChatGPT を体験してみる

　まず ChatGPT を体験してもらわないことには始まらないので、アニメや
ゲームなど、子どもたちにとってなじみのあるテーマを ChatGPT に尋ねる
時間をとりました。その後、子どもたち自身でその回答の正しさについて確
認させることで、正確さをどうやって確認するかも合わせて考えさせ、書籍
や公式 HP など確からしいソースを複数調べるファクトチェックの意義や重
要性を体感してもらいました。

② ChatGPT の解説

　そのうえで、ChatGPT のような LLM（大規模言語モデルを活用した生
成 AI）の特徴として、以下の3点を伝えました。

・検索サイトのように世界中の Web サイトから答えを探しているわけではない
・言葉をつなぎ合わせて出力しているだけ
・ChatGPT は「正解」を知らないため、答えを尋ねられるのは得意ではない

　こうした問題点の解決策として、まず「言葉を確率的に導き出して繋いでいる」イメージを持ってもらい、検索サイトなどで調べられることはそちらを利用するという意識づけも行ないました。そのうえで、そもそも Web ページの正確性も疑いながら利用するべきだというネットリテラシーについても触れました。

③ ChatGPT の実習・スローガン作り
　生成AIの感触とその仕組みを知ったうえで、ワークとして運動会のスローガンを作ってもらいました。

　まず ChatGPT にアイデアを10個ほど出させて、その中からよさそうなものを班のメンバーと相談しながら選んでいき、さらに ChatGPT に指示を追加しクオリティを高めるというものです。こうした「アイデアを広げる」作業を体験することで、入れたい単語やイメージ・文章の長さなどを意識させることができました。

　この際、良い回答を得るためのコツとして以下の3点を提示した上で、これらの条件を箇条書きにして入力することを伝えています。
　　・どういうイメージにしたいのか?
　　・入れて欲しい単語があるのか?
　　・スローガンの長さに制限があるのか?

④ ChatGPT の実習・しりとり

　次に ChatGPT における効果的なプロンプト（指示出し）について学ぶべく、ChatGPT とのしりとりを行いました。しりとりのルールを入力してゲームを作り、完成したらメンバー同士や他班と対戦したりといった活動を行い、指示を重ねるごとに動作が正確になっていくことを体感してもらいました。

　この活動では、「しりとり」という誰でも知っているゲームについて、あえて「しりとり」という言葉を使わずに ChatGPT にルールを教え、ゲームをすることができるかにチャレンジしました。授業の目的を、自分の頭の中にあるイメージや考えなどを言語化し、ChatGPT に指示する練習として設定しました。

　このときも注意点として、以下の3点を伝達しています。
　・ChatGPT はしりとりのルールを知らないこととします
　・ChatGPT に「しりとり」という言葉を使って説明してはダメです
　・小さい子と会話するように、ルールを教えてあげてください

⑤ ChatGPT の得意・苦手を知る

　しりとりなどの取り組みで生成AIがどのようなものかという感覚をつかんだうえで、アイデア出しや文章の要約が得意である一方、情報の出所が不明だったり情報そのものが最新でなかったりといった特徴を伝えました。

　また生成AIの動作的な部分においては、こちらが指示したことに応えようとする一方で、指示していないことはできなかったり、やらなかったりするため「自分が必要とする答えや振る舞いについて明確にする必要がある」としたうえで、しりとりの「ん」や「ン」はどちらも NG という説明や、同じ単語を2回使わないといったルールを例として出し、プログラムしなくても、人間に話しかけるように言葉で指示を出せるという理解を深めてもらいました。

　そのうえで「答えを教えてもらうのではなく、相談に乗ってもらう」イメージ

で向き合う必要があり、欲しい情報や結果は細かく指示をしないと得られないということに気付いてもらいたいと思います。

2時間目：「ChatGPTを活用してクラスメイトと一緒に課題に取り組む」

⑥ ChatGPT の実践

　後半では1時間目に学習したことを踏まえ、班ごとに石川県金沢市への旅行プランを考える課題に取り組みました。各班員は旅行会社の社員として、それぞれの班に与えられた架空の旅行者に対し、旅行者が望んでいる要求を満たす旅行プランを、ChatGPT を使いながら考えました。

　旅行者のイメージは以下のとおりです。
- ・カップルの外国人旅行客（日本文化を体験したい、景色のよいところへ行きたい）
- ・小さい子ども連れの4人家族（子どもが楽しめるところに行きたい、赤ちゃんがいるので静かにしなくてはいけない施設は避けたい）
- ・シニア夫婦（ゆっくり旅行したい、おいしい食事がしたい）

　さらに、以下のような共通条件を加えています。
- ・市内観光の時間は9時〜18時まで
- ・移動手段は自由（移動時間は意識しなくてよい）
- ・お昼ご飯をどこかで食べる。
- ・スタート / ゴール地点は金沢駅

　発表はプレゼンテーションソフトで、各班3分のプレゼンの中で全体ルートとアピールポイントの説明を行なうこととしました。

　作業中は内容に間違いがあれば指導者が指摘していくという形をとり、観光プラン内の移動時間についてはあまり厳密に考えず、プラン全体の内容を重視するように伝えました。あくまで「提案」なので、ターゲットが喜んでくれそうなポイントを押さえることも意識するよう指導しています。

⑦発表・まとめ

　発表後に本日のまとめとして振り返りを行い、ChatGPTで「できること」「できないこと」「気をつけること」を再度認識してもらいました。生成AIは人類にとっての「火」と一緒であり、火事のリスクを恐れる一方で、料理をするのも工業製品を加工するにも火は必要であるとして、色々な活用方法やどのような分野で使ってはいけないのかを皆で考えながら活用することが大事だとして締めました。

▎子どもの気づき

　「対話を繰り返すことで、自分たちらしいスローガンが形になる」

　1時間目の運動会のスローガン作りでは、恐る恐るChatGPTに言葉を入力をしていた子どもが、回を重ねるごとに自分のイメージをChatGPTに投げかけて対話を重ねる姿が見られました。これまでは、「これ、言いにくくない?」「じゃあ、どうしよう……」というところで、子ども同士のやり取りが止まってしまうのですが、先生が子どもたちのこのようなつぶやきを拾い上げて「言いにくい単語を別の言葉で言い換えて、ってお願いしてごらん」とサポートしました。

　こうすることで、子どもたちは1回出力された結果に対して重ねて指示を

出すことを覚えていきました。 子どもたちがつぶやいた要求や要望を
ChatGPTに入力するたびに、出力されるスローガンは子どもたちのイメージ
により近づいていきました。

　「適切に指導すれば、 ハルシネーションにも対応できる」
　2時間目での旅行プランの提案においては、自分の考えをChatGPTに
投げるのではなく、誰かの考えや要望をくみ取ることが求められます。 その
上で、提案内容についてChatGPTに投げかけ、得られた結果をスライド
にまとめる練習をしました。

　家族連れの旅行プランを作っている班の子どもたちは、 小さな子どもが
喜ぶ観光地を探していました。そこで、ChatGPTは「金沢動物園」を候
補に出したのですが、2023年現在、金沢市に動物園はありません。しか
し子どもたちが調べてみた結果、
　　・1993年までは金沢市に「金沢動物園」が存在していたこと
　　・2023年現在、石川県内には能美市にいしかわ動物園があること
　　・横浜市金沢区に「金沢動物園」があること
　がわかりました。

　ChatGPTは石川県や金沢市の動物園を探してきた訳ではなく、データ
の中から、「子ども→楽しめるところ→金沢→動物園」という、関連のある
言葉をつなぎ合わせた結果を出力しています。 こうしたChatGPTのしくみ
を体感したことで、「出てきた結果の正確さは自分たちでちゃんとチェックしな
ければダメだね」という言葉が子どもたちから自発的に出てきていました。

▌アンケート結果

　授業前後に行った9名の子どもたちへのアンケートからは、「生活にいい
影響を与える」とした子どもが4名増え、「使うのは楽しい」とした子どもが
3名増え、生成AIに対する意識の変化が見られました。 対話型AIを利

用して読書感想文などを作成することについては、6割が「条件付きなら良い」と回答。「とてもいいと思う」と回答したのは、授業後もAIが「なんでもできる」「ミスをしない」と回答した2名の子どものみでした。

　授業での気づきやアンケートの結果から、先生側も
・子どもたちが学習活動で活用できる場面はたくさんある
・子どもたちは新しいツールにすぐに慣れる
・しくみ（システムの裏側）は教える必要がある
ということが分かりました。

▌今後に向けて

　この事例では、人間とAIが共同で作業する場面を意識的に作っています。AIに対して人間がリクエストを出し、その結果をどう扱うかを子どもたち自身がしっかりと判断できるようにしました。

　生成AIの台頭以降、さまざまなメディアなどで「AIを使うと、子どもがAIの言いなりになってしまう」「主体性がなくなる……」といった発言が聞こえてきます。確かに、子どもたちが出力される文章の生成過程やシステムの働きを知らず、AIの回答は絶対的なものと捉えて利用すればそうした懸念が現実になりかねません。また、AIの学習元となるデータの内容によっては、出力結果にバイアスがかかることもすでに多くの事例で報告されています。

　だからこそ、学習活動の中でしくみを知ることで、AIの正しい使い方や出力された結果を正しく判断できる力、AIを広く活用する術を学校で指導する必要があると考えています。今回は総合的な学習の時間でChatGPTを利用しましたが、今回の事例を1つの試金石とすべく、他の授業の中でもAIを使ったもの作りや課題解決の授業を提案していきます。

6 高等学校の導入事例：
鹿児島県立奄美高等学校

▌ 実施の背景

　AI の普及により、学校の課題レポートなどに生成 AI を利用することなど、教育と生成 AI の関係に多くの懸念が挙げられています。しかしながら、生成 AI の利用法によっては、子どもたちが自らの地域や産業の将来について考えたり、新たな視点が得られる学習の機会とできるのではないかと考え、AI を利用した授業を行うこととしました。

　奄美群島では、高校卒業後に多くの若者が島を離れてしまいます。日本や世界各地から観光に訪れる人たちが多くいるにも関わらず、子どもたちは普段から見慣れている美しい海や自然についてあまり魅力を感じていないようだ、という現地の生生の声も聞かれました。実施校は商業科もあり、地域と観光産業のあり方についても大事な学習要素となります。

　そこで、島を訪れる観光客に対し、高校生ならではの観光プランを提示することで、自分たちの住む島や地域の魅力を再認識すること、また島と観光という産業の関係について考えるきっかけとするための授業としました。
　基本的に観光プランは子どもたちがグループで作成しますが、生成AIの特性を理解した上で、観光プランとしての工夫や見どころ、プランのキャッチフレーズを作成する際などに ChatGPT を利用しました。

　また、今回は奄美大島だけでなく、喜界島や鹿児島県内の高校の生徒もオンラインで参加し、各地域の魅力を紹介したことで、改めて地域ごとの差異や共通点、特色を理解する機会ともなりました。

　今回の取り組みでは、学校向け生成 AI サービスを使用しました。その
サービスでは利用登録で入力した個人情報が openAI 社に渡らないため、
対話内容もAI の学習データに利用されることはありません。入力内容はす
べて記録しているので、先生による確認も可能です。授業後は子どもたち
がアカウントが使えないように設定できます。

　また、事前に保護者から教職員の指導・監督の下で利用することの同
意をとっています。生成 AI を巡る現状や教育的意義を書面で説明したうえ
で、生成 AI の利活用にさまざまな議論や懸念の声があるという現状を説明
し、情報活用ツールとして生成 AI を使いこなす視点や経験の必要性を訴
えました。

授業の内容

●午前の部

①画像 AI（Teachable Machine）体験

　自己紹介などを済ませた後、「AI を体験しよう」として画像認識・識別 AI の特徴、文章生成 AI の特徴を紹介したのち、Teachable Machine を使って機械学習モデルを作成しました。またこの際、画像認識 AI の活用例として農業分野での実践例やパン屋での導入事例など、産業面での活用例を紹介しています。

②生成 AI の実践・解説

　ChatGPT に自分のよく知っていること（自分の住む地域のことなど）について聞くという活動を行ったうえで、ハルシネーションが起こりうること、文章がどのように生成されるか、など生成 AI の仕組みについて解説し、そうした仕組みや特徴を踏まえて活用法を考えました。また、ここでも「生成 AI を上手く使うコツ」としてプロンプト（生成 AI に回答をさせるための指示の内容）の工夫点を以下のように挙げました。

・指示を具体的に書く

⇒何について、どんな形で（文章・箇条書き・表）、どのくらいの量？

・役割を与える

⇒どんな立場で答えるのか指示する。「あなたは○○です。△△の人に分かるように……」

・例を挙げる

⇒例えば、○○の場合、△△であるように……

・内容ごとに会話する

⇒全く異なる内容に変えたい場合は、「会話」を新しく始める

・対話を続ける

⇒「はい」「いいえ」で答えさせるのではなく、質問を続けながら内容をより良くしていく

●午後の部

　午後からは島の観光PRプランを各班に分かれて考えるという学習活動を行ないました。基本的には、橋立中の事例と同じく旅行会社の社員として旅行者にプランを提示するというものですが、今回は旅行者の想定から各班で行いました。

　プランを提案する架空の旅行者像（ペルソナ）を考えるに当たって、以下のようなポイントを意識するよう例示しています。このペルソナ設計にも生成AIを利用しています。

・名前

・どこから来たか

・年代や性別

・どんな関係にある人が何人で来たのか

・どんなことをしたいと思っているのか

　子どもたちはAIを活用しながら各島や地域の観光プランを生成し、AIが生成した回答の真偽を確かめたり、自分たちのプランと比較したりすること

で、プランをブラッシュアップしていきました。プランの魅力を短い文章で表現するキャッチコピーの作成にも、ChatGPTを利用して素案を作成していた班が多くみられました。また今回は、ChatGPTの意見か自分たちの意見かがわかるよう、引用元も記載するよう指示を出しました。

　また、作業中は各グループに1名ずつボランティアを配置し、島外の人からの意見として子どもたちとのディスカッションを行ってもらうほか、子どもたちの生成AI利用時に個人情報等を入力しないよう見守ってもらったり、プラン作成・プレゼン資料の作成アドバイス等を行ったりといった形で協力いただきました。

　作成後には各班が想定した旅行者とプランを発表し、プレゼン後は発表チームへの一言コメントをフォームに入力することで子どもたちの相互評価を行ないました。

▌ 発表内容（一部）

・キャッチコピー
「奄美大島で自然と愛に満ちた旅を！　大学生カップルのための癒しの観光プラン」
　⇒時間・場所・内容の3点からなるシンプルな表を作成し、視覚的にも見やすいプランを作成。ターゲットは東京から来る大学生カップルで、この旅行者を想定した理由は「観光客の中でカップルが多いイメージだから」とのこと。いつ・どこで・何をするかが明確になっていた。

・キャッチコピー
「自然に包まれ、心新たに。あなたのための心あたたまる一泊二日の旅」
　⇒奄美大島の自然を堪能してもらうことを念頭に作成。訪れる各所の特徴などを示し、対象となる「年齢65歳くらいの定年した夫婦・東京から来たちょっとお金持ちな元会社員」が魅力的に感じる提案となるように、また

徒歩での長距離の移動をしないように、などの工夫もされていた。

・キャッチコピー

「漢旅　マッスル編　〜胸筋をそえて〜」

⇒対象旅行者は大学生の男性5人組。観光時期まで想定されており、コンセプトが非常にはっきりしていた。この班も「時間・アクティビティ・詳細」の3軸で構成しており、「若鳥ステーキなどしっかりタンパク質を摂り、脂質は少なくする」など、地元の食材を食べてもらうことで筋肉をつけてもらうことを目的とし、栄養面についても配慮されていた。

▌アンケート結果（生徒）

　今回の授業では、授業後に子どもたちと教員それぞれにアンケートを取りました。「AIは私たちの生活に役立つと思いますか?」という設問では、「とても役立つ」とした子どもが27名中13名、「それなりに役立つ」が14名と、全員が一定以上役立つという所感を持ったことがわかりました。

　AIに対するイメージを尋ねた質問（複数選択可）で、21名が「人間よりも作業が早い」、13名が「暮らしを豊かにする」、9名が「生活にいい影響を与える」と回答。一方で、「なんとなくこわい」「不安である」と答えた子どもも1名ずつ見受けられました。

　また授業全体の印象を尋ねた質問（自由記述）では、

・AIを使って観光などを使うことで楽に仕事をしたり、仕事時間の短縮化などができるのでその使い方を間違わないように教えてもらえたので満足しました。

・ChatGPTをうまく使えるようなコツやWeb検索と連携をすることで嘘か真実か判断する大切さがよく分かった。

・AIの仕組みなどについて知らなかったことがたくさんあり、今回知ることができました。また、いろんな地域の観光プランをきき、知らないことがたく

さんあるんだと知ることができました。

という回答が見られました。ハルシネーションについて理解したうえで、より一層生成 AI への理解が深まったように見受けられました。また、外部の人から見た地域の特徴、外部の人に知らせたい地域の良さを考える活動を通じて、子どもたちが地元の良さを再発見するという体験にもつながりました。

▌アンケート結果（先生＆ボランティア）

「今日の特別講座は、高校生がテクノロジーを活用しながら学ぶきっかけになったと思いますか?」という問いに対しては、13名中6名が「かなりなった」、7名が「なった」と回答しました。

その一方で、「仮に生成 AI を授業で扱うことになった場合、先生ご自身で授業をすることに不安はありますか?」という設問に対して「どちらかといえば不安はない」と答えた方は4名にとどまり、7人が「どちらかといえば不安である」、2人が「大いに不安である」と回答しました。

不安を感じる理由としては、「まだ熟知しているレベルではない」「生徒にメリットやデメリット、注意点などを詳しく説明できる知識が不足しているため」といった知識面で不安を感じる方が多く、「生成 AI を使ったものが、真実であるかどう見分けるのが難しいと思った」という意見もありました。

まだまだ新しいツールでもあるので、リテラシーの向上も意識しつつ子どもたちと一緒に試行錯誤しながら進められるとさらなる発展が見込めそうです。今後は、先生側の生成 AI への理解を深めてもらいつつ、個人情報の扱いなどポイントを押さえていれば、すべてを先生から子どもたちに教えこまずとも、先生と子どもたちがともに学びながら教育に活用できるというように、授業の可能性を広げるような取り組みをしていきたいと考えています。

高校の課題ではより高度な生成AI活用を!

　Column.02では、中学校1年生の夏休みの課題にどのように生成AIが活用できるか、例を挙げました。では、もう少し上の年代、高校生ではどうでしょうか。

　高校での活用においては、一問一答や検索的に使うのではなく、対話から生成AIの利点を引き出すような、より高度な使い方ができるのではないかと考えます。高校段階では生成AIとの対話をどのように課題として提供できるのか、以下に例として挙げてみました。

【使用例 _ 生成AIとディベート】

① 明確な答えのない問題のうち、自分の興味や進路に関連する事柄について、事前に調べて自分の意見をまとめる。

② その上で自分の意見と生成AIを対立側として主張するように設定してディベートを行う。

③ 自分のプロンプト、生成AIの回答のやりとりを流れに沿って記述し、ディベートの感想と最後に自分の考えを理由を含めて改めて述べる。
　　（宗教上の話題や、安楽死や死刑制度などの生命に関すること、センシティブなテーマの扱いをしないなどの留意事項を決めておく必要がある）

【テーマ例】

・ベーシックインカムの是非
・ワクチン接種の義務化
・特徴ある歴史的な食文化と外国からの批判
・毛皮・皮革製品の利用の是非
・遺伝子組み換え作物と食料の安定供給
・移民の受け入れ
・情報共有の利点とプライバシー保護

特別
寄稿

生成AIで求められる
教育の「再定義」

株式会社リクルート
スタディサプリ教育AI研究所　所長
東京学芸大学大学院　教育学研究科
准教授

小宮山 利恵子

　ChatGPT は2022年末に OpenAI社が公開し、その後約2か月で1億人の利用者を獲得するなど瞬く間に広がった。野村総合研究所が今年5月に発表した『日本の ChatGPT 利用動向』によれば、「職業別では、大学生・大学院生・専門学生（21.6％）、教職員（20.5％）」とあり、教育関係者の利用率が最も高かった。生徒1人に1台PCを整備する「GIGAスクール構想」が始まる前は、日本は先進諸国の中でもICTを活用した学びについては後進国に位置付けられていた。その日本がコロナ禍で同構想を加速し、生徒も教員も保護者も一気に教育の中でテクノロジーに触れる機会が増えた。ChatGPT の利用率が教育領域で高い結果は、その前提があってこそのものだと考えられる。

　ChatGPT の他にも生成AIを活用したサービスは多く存在し、テキストから絵を作成する「Midjourney」、音声サンプルからその声を再現したテキスト読み上げができる「VALL-E」など枚挙に暇がない。教育領域でも以下のような場面で既に活用され始めている。①個別習熟度別学習、②カリキュラム設計、③演習問題などのコンテンツ作成、④仮想チュー

ター、⑤古い学習教材の修復などである。例えば①の個別習熟度別学習については、以前は教員1人に対して生徒35人、40人は当たり前だった。しかし、1人1台PCが整備されたことで一人ひとりの習熟度に合わせた学びができるようになっている。積み上げ型と言われる算数、数学、英語については通常授業時間数よりも少ない時数で習得できる可能性がある。その分、これまで学校では学ぶ機会があまりなかった探究型の教育、例えばアントレプレナーシップ（起業家精神）教育などに当てることが可能になる。また興味深いのは⑤で、生成AIを使用して古い写真や絵の修復を行って鮮明なものに変えることで、高品質のものに目が慣れている現代の生徒たちの関心を惹き、また細部まで分かることで学びが深まるというメリットもある。一方で教員にとっても③のコンテンツ作成は、世界一多忙と言われている働き方改革の一端を担う可能性がある。

　ただ生成AIは活用が始まったばかりであり、課題は山積している。例えば、生徒が安易に生成AIを利用して考えることを怠り回答を盲信してしまうこと。生成AIに依存し、革新性や独創性が欠如してしまうこと。学習データが偏ることによって固定概念が強化されてしまうこと。デジタル・ディバイドがさらに広がるのではないかという懸念などだ。また、そもそも生成AIが教育に導入されると、すべてのことにおいて「再定義」が必要になることも忘れてはならない。「学校とは何か」「教員とは何か」「授業とは何か」その形や役割は変わってくるはずだからだ。10年後どのようなテクノロジーが社会に出ているか分からない。私たち教員は、常に最新のテクノロジーに敏感でかつ実際に自ら利用して確認・観察する必要がある。

生成 AI を
「よりよく使う」ために

石川県加賀市教育長
島谷 千春

　加賀市は、2014年、日本創成会議から消滅可能性都市と指定を受けたことを契機に、「スマートシティ加賀」を展望し、デジタルをはじめとした先端技術の導入を積極的に進めてきました。そして現在は、「人材育成」を市政の一丁目一番地に掲げており、教育改革とりわけ先端テクノロジーの学びも含めた STEAM 教育の充実は、地方創生の大きな切り札として力をいれています。加賀市では、小学校のプログラミングが必修化される3年前の2017年から、プログラミング教育に力を入れてきましたが、それはプログラマーを育成することが目的ではなく、身の回りのシステムの構造を理解することを通じて、世の中で起きているテクノロジーの進化を自分事として受け止め、それを味方につけて課題解決に向けて探究してほしいという狙いがあります。

　そのため、生成 AI が出始めた時期も、市役所全体としても、生成 AI をうまく利用して業務効率化しようといち早く動き出しましたし、学校現場でも、生成 AI もテクノロジーの一つとして、まずは「知る」「触れる」というスタンスで、みんなのコードと一緒に中学校において生成 AI を体験する授業を早速実施しました。

こういったテクノロジーの進化は止まらないですし、仮に負の面に着目して制限をかける方向に仕向けたとしても、スマホ保有率ほぼ100％に近い中学生は必ず自力でたどり着く世界です。であれば、制限を闇雲にかけることよりも、「よりよく使う」ための方向に子どもを導いていくべきと考えます。実際に、みんなのコードと一緒に実施した生成AIの体験授業では、生成AIはどういう仕組みで動いていて、どういうことが得意で逆に何が苦手なのかということを実感持って学びました。子どもが実際に触れて、使ってみてはじめて分かる感覚があります。

　これまでも人は便利で有利な道具を見つけたら、それを使いこなして進化を続けてきました。自動車なんて普通に考えたら、殺傷能力が高い鉄の塊なわけですが、新しいテクノロジーが引き起こす不具合や不都合を乗り越えて、社会実装するために一定のルールを敷いたり制限をかけたりして、負の側面を最小限に抑えながら、よりその道具が持つ最大のメリットを享受できるよう、知恵と工夫を重ねてきたわけです。スマホもパソコンも、子どもにはまだ早いとか、紙と鉛筆をしっかり使うべきとか、出始めの頃はよく言われていましたが、今ではいかによりよく使いこなすのか、というところに注力する傾向です。生成AIに関して言えば、生成AIをうまく活用するための課題設定、AIと健全に付き合うためのデジタルシティズンシップの視点、AIが本当に正しいのか判断するためのクリティカルシンキングの育成なども併せて必要になっていくと考えています。

　大事なことは、学校を社会に開き、社会の動きを子どもたちの学びに還流する仕組みを作ることであり、自分の学びが社会とつながっている実感を持たせること。そして、社会で起きていることに対して傍観者にならずに、当事者意識を子どもたち一人ひとりが持てるように育てていくこと、これが大事になると考えており、生成AIと学校教育がどう向き合っていくのかというところにも、自ずと答えが出てくるのではないかと考えています。

教育に携わる人こそ
生成AIと向き合い、活用を

東明館中学校・高等学校長
神野 元基

　生成AIが突如として世の中に出現してから間もない2023年4月、東京大学の副学長である太田邦史氏が「人類はこの数ヶ月でもうすでにルビコン川を渡ってしまったのかもしれない」と発言し、その変化の大きさと後戻りができない可能性を示唆しました。私自身も中央教育審議会で、この発言を引用しながら「もはや Society5.0 が到来していると捉えるべき」と述べました。狩猟、農耕、工業、情報と歩んできた人類が迎える新たな時代の到来です。この生成AIに対して、我々教育に携わる人はどう向き合えばいいのでしょうか。

　日本では、2023年7月4日に文部科学省から「生成AIの利用に関する暫定的なガイドライン」が出されました。ガイドラインの冒頭には、「本ガイドライン公表後も…（中略）…機動的に改訂を行うこととする」と記載されています。このような「改訂を前提としたガイドライン」は類を見ないものであり、それだけ動きが速いということを表しています。

　このガイドラインを紐解くと、生成AIの教育活用に関する重要なポイントは以下に集約されています。①「情報活用能力」の育成は非常に重要だが、生成AIにはリスクもあるため、リスクに対応可能な学校からパイロッ

ト的に活用を始め、事例を積むべき。②全ての学校で、児童生徒の情報活用能力を育む教育活動を充実させ、AI時代に必要な資質・能力の向上を図るべき。③教師のAIリテラシーの向上に取り組むべき。生成AIを校務に活用して、教師の働き方改革に取り組むべき。

　また、気をつけるべきリスクについては、情報の真偽判断、個人情報やプライバシー保護、著作権侵害、基礎学力育成（例：感想文を生成AIで作りそのまま提出する）などを挙げています。これらの内容は全学校が留意して取り組むべき内容であり、その意味でガイドラインは非常に参考になる内容になっています。ただ、私はこのガイドラインに書かれていることをベースにして、もっと先を見据えていく必要がある、と考えています。学習指導要領にある「知識・技能」「思考力・判断力・表現力」「学びに向かう力・人間性」だけでは十分ではありません。

　Society5.0のような時代では、どんな力が必要になるのでしょうか。Society5.0では、生成AIから文章、画像や動画、音楽などのモノが無限に作られ、世の中に氾濫します。それらに対してどう向き合うかがわからなければ、何に対しても興味が持てず、全てに取り残されてしまうかもしれません。このような時代では、大量のモノに対して自分自身が興味を持って体験したり学んだりする「好奇心」「探究心」、そして「自分にとって価値あるモノを見つけ出す感性」が重要です。何に価値があると感じるかは人によって違うはずで、それを決めるのは他ならぬ自分自身なのです。

　その上で、学校教育の中で何ができるか。たとえば、児童生徒の「分析的に思考するための考え方」「未知の世界に挑戦する好奇心と自己肯定感」「他者と共に生きることの実感」「モノを作り上げる力」などを育む活動です。一斉に同じ方向を向き、全員が一方的に知識を教わるような活動では実現できないことであり、未来の日本・世界を支える人材を育むために、このような活動に取り組んでいくことは学校の責務であると感じています。そのためにも、教育に携わる人こそ生成AIと向き合い、それを活用することが第一歩になるのではないかと思います。

【資料1】
「初等中等教育段階における生成 AI の 利用に関する暫定的なガイドライン」

（令和5年7月4日 文部科学省初等中等教育局）

https://www.mext.go.jp/content/20230710-mxt_shuukyo02-000030823_003.
pdf

1．本ガイドラインの位置づけ

- 生成AIは黎明期にあり、技術革新やサービス開発が飛躍的なスピードで進展している。こうした中、教育現場においても、様々な活用のメリットを指摘する声がある一方、子供がAIの回答を鵜呑みにするのではないか等、懸念も指摘されている。その一方で、**児童生徒や教師を含め、社会に急速に普及しつつある現状もあり、一定の考え方を国として示すことが必要**である。

- 本ガイドラインは、生成AIに関する政府全体の議論やG7教育大臣会合における認識の共有、幅広い有識者や、中央教育審議会委員からの意見聴取を経て、主として対話型の文章生成AIについて、学校関係者が**現時点で**生成AIの**活用の適否を判断する際の参考資料**として、**令和5年6月末日時点の知見をもとに暫定的に取りまとめるものである（一律に禁止や義務づけを行う性質のものではない）**。

- このため、本ガイドライン公表後も、「広島AIプロセス」（※1）に基づく様々なルールづくりの進展、科学的知見の蓄積、サービス内容や利用規約の変更、学校現場の優れた取組事例、本ガイドラインに対する幅広い関係者からのフィードバックなどを踏まえて、**機動的に改訂を行うこととする**。

> 生成AIの普及と発展を踏まえ、これからの時代に必要となる資質能力をどう考えるか、そのために教育の在り方をどのように見直すべきか等については、今後、中央教育審議会等（※2）で更に検討を行う。

（※1）G7広島サミットで合意されたAIの活用と規制の国際的なルール作りに向けた議論
（※2）中央教育審議会初等中等教育分科会デジタル学習基盤特別委員会及び個別最適な学びと協働的な学びの一体的な充実に向けた学校教育の在り方に関する特別部会

1/24

2．生成AIの概要

- ChatGPTやBing Chat、Bard等の対話型生成AIは、あたかも人間と自然に会話をしているかのような応答が可能であり、文章作成、翻訳等の素案作成、ブレインストーミングの壁打ち相手など、民間企業等では多岐に亘る活用が広まりつつある。

- これらのAIは、あらかじめ膨大な量の情報から**深層学習**によって構築した大規模言語モデル（LLM（Large Language Models））に基づき、**ある単語や文章の次に来る単語や文章を推測し、「統計的にそれらしい応答」を生成**するものである。指示文（プロンプト）の工夫で、より確度の高い結果が得られるとともに、今後更なる精度の向上も見込まれているが、**回答は誤りを含む可能性**が常にあり、時には、**事実と全く異なる内容**や、文脈と無関係な内容などが出力されることもある（いわゆる幻覚（ハルシネーション＝Hallucination））。

- 対話型生成AIを使いこなすには、指示文（プロンプト）への習熟が必要となるほか、回答は誤りを含むことがあり、あくまでも「参考の一つに過ぎない」ことを十分に認識し、**最後は自分で判断するという基本姿勢**が必要となる。回答を批判的に修正するためには、対象分野に関する**一定の知識や自分なりの問題意識**とともに、真偽を判断する能力が必要となる。また、**AIに自我や人格はなく、あくまでも人間が発明した道具**であることを十分に認識する必要がある。

- また、AIがどのようなデータを学習しているのか、学習データをどのように作成しているのか、どのようなアルゴリズムに基づき回答しているかが不明である等の**「透明性に関する懸念」**、機密情報が漏洩しないか、個人情報の不適正な利用を行っていないか、回答の内容にバイアスがかかっていないか等の**「信頼性に関する懸念」**が指摘されている。

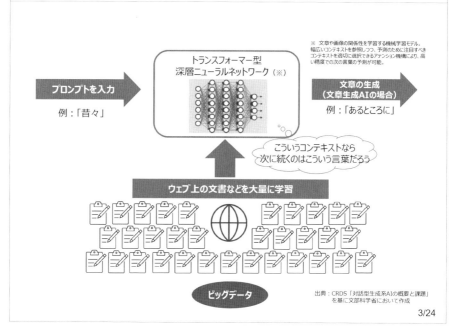

3．生成AIの教育利用の方向性

（1）基本的な考え方

- 学習指導要領は、「**情報活用能力**」を**学習の基盤となる資質・能力**と位置づけ、**情報技術を学習や日常生活に活用できるようにすることの重要性**を強調している。このことを踏まえれば、新たな情報技術であり、多くの社会人が生産性の向上に活用している**生成AI**が、どのような仕組みで動いているかという理解や、どのように学びに活かしていくかという視点、近い将来**使いこなすための力を意識的に育てていく姿勢**は重要である。

- その一方、**生成AIは発展途上にあり、多大な利便性の反面**、個人情報の流出、著作権侵害のリスク、偽情報の拡散、批判的思考力や創造性、学習意欲への影響等、**様々な懸念**も指摘されており、教育現場における活用に当たっては、**児童生徒の発達の段階を十分に考慮する必要がある**（各種サービスの利用規約でも**年齢制限や保護者同意**が課されている）。

- 以上を踏まえ、教育利用に当たっては、**利用規約の遵守**はもとより、事前に**生成AIの性質やメリット・デメリット、AIには自我や人格がないこと、生成AIに全てを委ねるのではなく自己の判断や考えが重要であることを十分に理解させる**ことや、発達の段階や子供の実態を踏まえ、**そうした教育活動が可能であるかどうかの見極め**が重要と考えられる。その上で、個別の学習活動での活用の適否については、学習指導要領に示す**資質・能力の育成を阻害しないか、教育活動の目的を達成する観点で効果的か否かで判断すべき**である（生成AIの性質等を理解できない段階、学習目的達成につながらない、適正な評価の阻害や不正行為に繋がる等の場合は活用すべきでない）。こうした判断を適切に行うためには**教師の側にも一定のAIリテラシー**が必要である。

- また、忘れてはならないことは、真偽の程は別として手軽に回答を得られるデジタル時代であるからこそ、根本に立ち返り、**学ぶことの意義についての理解を深める指導が重要**となる。また、人間中心の発想で生成AIを使いこなしていくためにも、**各教科等で学ぶ知識や文章を読み解く力**、物事を批判的に考察する力、問題意識を常に持ち、問を立て続けることや、その前提としての**「学びに向かう力、人間性等」の涵養がこれまで以上に重要**になる。そうした力を拡充するためには、**体験活動の充実**をはじめ、教育活動における**デジタルとリアルのバランスや調和**に一層留意する必要がある。

総合的に勘案

① 現時点では活用が有効な場面を検証しつつ、**限定的な利用から始めることが適切**である。生成AIを取り巻く**懸念やリスクに十分な対策を講じることができる一部の学校**において、個人情報保護やセキュリティ、著作権等に十分に留意しつつ、**パイロット的な取組**を進め、成果・課題を**十分に検証**し、今後の更なる議論に資することが必要である。

② その一方、学校外で使われる可能性を踏まえ、**全ての学校で、情報の真偽を確かめること**（いわゆる**ファクトチェック**）の習慣付けも含め、情報活用能力を育む教育活動を一層充実させ、**AI時代に必要な資質・能力の向上**を図る必要がある。

③ **教員研修や校務での適切な活用**に向けた取組を推進し、**教師のAIリテラシー向上**や**働き方改革**に繋げる必要がある。　　　4/24

（2）生成AI活用の適否に関する暫定的な考え方

- **子供の発達の段階や実態を踏まえ、年齢制限・保護者同意等の利用規約の遵守を前提に、教育活動や学習評価の目的を達成する上で、生成AIの利用が効果的か否かで判断することを基本とする**（特に小学校段階の児童に利用させることには慎重な対応を取る必要がある）。
- **まずは、生成AIへの懸念に十分な対策を講じられる学校でパイロット的に取り組むことが適当。**

利用規約：ChatGPT…13歳以上、18歳未満は保護者同意　Bing Chat…成年、未成年は保護者同意　Bard…18歳以上

1．適切でないと考えられる例　　※ あくまでも例示であり、個別具体に照らして判断する必要がある

① **生成AI自体の性質やメリット・デメリットに関する学習を十分に行っていないなど、情報モラルを含む情報活用能力が十分育成されていない段階**において、自由に使わせること

② 各種コンクールの作品やレポート・小論文などについて、**生成AIによる生成物をそのまま自己の成果物として応募・提出すること**
（コンクールへの応募を推奨する場合は応募要項等を踏まえた十分な指導が必要）

③ 詩や俳句の創作、音楽・美術等の表現・鑑賞など**子供の感性や独創性を発揮させたい場面**、初発の感想を求める場面などで**最初から安易に使わせること**

④ **テーマに基づき調べる場面**などで、教科書等の質の担保された教材を用いる前に**安易に使わせること**

⑤ 教師が正確な知識に基づきコメント・評価すべき場面で、教師の代わりに**安易に生成AIから生徒に対し回答させること**

⑥ **定期考査や小テストなどで子供達に使わせること**（学習の進捗や成果を把握・評価するという目的に合致しない。CBTで行う場合も、フィルタリング等により、生成AIが使用しうる状態とならないよう十分注意すべき）

⑦ 児童生徒の学習評価を、**教師がAIからの出力のみをもって行うこと**

⑧ 教師が専門性を発揮し、人間的な触れ合いの中で行うべき教育指導を実施せずに、安易に生成AIに相談させること

2．活用が考えられる例　　※ あくまでも例示であり、個別具体に照らして判断する必要がある

① 情報モラル教育の一環として、**教師が生成AIが生成する誤りを含む回答を教材として使用し、その性質や限界等を生徒に気付かせること。**

② 生成AIをめぐる社会的論議について生徒自身が主体的に考え、論議する過程で、その素材として活用させること

③ **グループの考えをまとめたり、アイデアを出す活動の途中段階**で、生徒同士で一定の議論やまとめをした上で、**足りない視点を見つけ議論を深める**目的で活用させること

④ **英会話の相手として活用したり、より自然な英語表現への改善や一人一人の興味関心に応じた単語リストや例文リストの作成**に活用させること、外国人児童生徒等の日本語学習のために活用させること

⑤ 生成AIの活用方法を学ぶ目的で、自ら作った文章を生成AIに修正させたものを「たたき台」として、自分なりに何度も推敲して、より良い文章として修正した過程・結果をワープロソフトの校閲機能を使って提出させること

⑥ 発展的な学習として、**生成AIを用いた高度なプログラミング**を行わせること

⑦ 生成AIを活用した問題発見・課題解決能力を積極的に評価する観点からパフォーマンステストを行うこと　　　5/24

☐ 従前から行われてきたような形で、読書感想文や日記、レポート等を課題として課す場合、外部のコンクールへの応募など を推奨したり、課題として課したりする場合には、次のような留意事項が考えられる。

① AIの利用を想定していないコンクールの作品やレポートなどについて、生成AIによる生成物をそのまま自己の成果物として 応募・提出することは評価基準や応募規約によっては不適切又は不正な行為に当たること、活動を通じた学びが得られ ず、自分のためにならないこと等について十分に指導する（保護者に対しても、生成AIの不適切な使用が行われないよう 周知し理解を得ることが必要）。

② その上で、単にレポートなどの課題を出すのではなく、例えば、自分自身の経験を踏まえた記述になっているか、レポートの 前提となる学習活動を踏まえた記述となっているか、事実関係に誤りがないか等、レポートなどを評価する際の視点を予め 設定することも考えられる。

③ 仮に提出された課題をその後の学習評価に反映させる場合は、例えば、クラス全体又はグループ単位等での口頭発表の 機会を設けるなど、まとめた内容が十分理解され、自分のものになっているか等を確認する活動を設定する等の工夫も考 えられる。

① 課題研究等の過程で、自らが作成したレポートの素案に足りない観点などを補充するために生成AIを活用させることも考 えられる。その際、情報の真偽を確かめること（いわゆるファクトチェック）を求めるとともに、最終的な成果物については、 AIとのやりとりの過程を参考資料として添付させることや、引用・参考文献などを明示させることも一案である。

② 自らの作った文章を基に生成AIに修正させたものを「たたき台」として、何度も自分で推敲し、より良い自分らしい文章とし て整えた過程・結果をワープロソフトの校閲機能を使って提出させることも考えられる。

※ AIを用いた際には、生成AIツールの名称、入力した指示文（プロンプト）や応答、日付などを明記させることが考えられる。

（3）「情報活用能力」の育成強化（全ての学校が対象）

- スマートフォン等が広く普及する中、学校外で児童生徒が生成AIを使う可能性が十分に考えられる。また、「いわゆるフィルターバブル等に子供が晒されている」、「生成AIの普及で誤情報が増加する」との指摘もある。
- このため、全ての学校でGIGAスクール構想に基づく1人1台端末活用の日常化を実現する中で、情報モラルを含む情報活用能力の育成について、生成AIの普及を念頭に一層充実させる。

1．GIGAスクール構想の端末利活用の加速

- 令和5～6年を集中推進期間と位置づけ、1人1台端末の日常的な活用を推進。
  ① 特命チームによる伴走支援体制の強化
  ② 整備面での遅れが見られる自治体首長への直接要請
  ③ 切れ目のない研修機会の提供

2．情報モラル教育の充実

情報モラル＝「情報社会で適正な活動を行うための基になる考え方と態度」

他者への影響を考え、人権、知的財産権など自他の権利を尊重し情報社会での行動に責任をもつことや、犯罪被害を含む危険の回避など情報を正しく安全に利用できること、コンピュータなどの情報機器の使用による健康との関わりを理解すること　等

- 生成AIの普及も念頭に置き、端末の日常的活用を一層進めることを前提として、保護者の理解・協力を得て、発達の段階に応じて次のような学習活動を強化。
  ① 情報発信による他人や社会への影響について考えさせる学習活動
  ② ネットワーク上のルールやマナーを守ることの意味について考えさせる学習活動
  ③ 情報には自他の権利があることを考えさせる学習活動
  ④ 情報には誤ったものや危険なものがあることを考えさせる学習活動
  ⑤ 健康を害するような行動について考えさせる学習活動
  ⑥ インターネット上に発信された情報は基本的には広く公開される可能性がある、どこかに記録が残り完全に消し去ることはできないといった、情報や情報技術の特性についての理解を促す学習活動

  ※ これらの活動の一環として、情報の真偽を確かめること（いわゆるファクトチェック）の方法などは意識的に教えることが望ましい。また、教師が生成AIが生成する誤りを含む回答を教材として使用し、その性質やメリット・デメリット等について学ばせたり、個人情報を機械学習させない設定を教えることも考えられる。文部科学省でも、現場の参考となる資料を作成予定。

※ 上記①～⑥はいずれも学習指導要領解説に記載のある活動。道徳科や特別活動のみではなく、各教科等や生徒指導との連携も図りながら実施することが重要。
※ ファクトチェックでは複数の方法（情報の発信者、発信された時期、内容、他の情報と比較する等）を組み合わせて、情報の信憑性を確認することが必要。

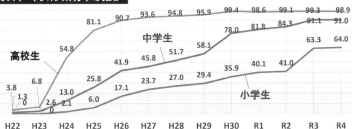

子供のスマートフォン所有率の推移

高校生　中学生　小学生

H22　H23　H24　H25　H26　H27　H28　H29　H30　R1　R2　R3　R4

中学生：81.1　90.7　93.6　94.8　95.9　99.4　98.6　99.1　99.3　98.9
高校生：3.8　6.8　54.8　（…）91.1　91.0
小学生：1.3　0　2.6　2.1　13.0　6.0　17.1　23.7　27.0　29.4　35.9　40.1　41.0　63.3　64.0

41.9　45.8　51.7　58.1　78.0　81.8　84.3
25.8

フィルターバブル現象

自分の好む情報「だけ」に囲まれ、多様な意見から隔離されやすくなる現象。

反対　賛成　どちらでも

エコーチェンバー現象

同じような意見が、閉ざされた空間の中で反響して大きくなっていく現象。

賛成　Yes！　当然　No！　うそだ

（出典）※　内閣府「青少年のインターネット利用環境実態調査（平成22年度から令和4年度）」結果をもとに文部科学省で作成。H29年度以前はスマートフォン・携帯電話の所有・利用状況、H30年度以降はスマートフォン専有率を引用。

（４）パイロット的な取組（一部の学校が対象）

● 保護者の十分な理解の下、生成AIを取り巻く懸念やリスクに十分な対策を講じることができる学校において、透明性を確保して**パイロット的に取組を推進**し、知見の蓄積を進めることが必要（※）

（※）あくまでもパイロット的な取組であり、全国展開を前提とするモデル事業ではない

✓ **例えば、以下のような大まかな活用ステージも意識しつつ、情報活用能力の一部として生成AIの仕組みの理解や生成AIを学びに活かす力を段階的に高めていくことが考えられる。**

① **生成AI自体を学ぶ段階**（生成AIの仕組み、利便性・リスク、留意点）

② **使い方を学ぶ段階**（より良い回答を引き出すためのAIとの対話スキル、ファクトチェックの方法 等）

③ **各教科等の学びにおいて積極的に用いる段階**（問題を発見し、課題を設定する場面、自分の考えを形成する場面、異なる考えを整理したり、比較したり、深めたりする場面などでの生成AIの活用 等）

- -

④ **日常使いする段階**（生成AIを検索エンジンと同様に普段使いする）

※ 子供の実態に応じて、②や③を往還したり、②③を行いながら、①に関する理解を更に深めていくことも考えられる。
※ 上記の取組に当たっては、生成AIに対する懸念に正面から向き合い、思考力を低下させるのではなく、高める使い方をする、創造性を減退させるのではなく、更に発揮させる方向で使用できるようにすることが期待される。また、併せて、生成AIを用いれば簡単にこなせるような、旧来型の学習課題の在り方やテストの方法を見直すことも期待される。
※ 生成AIを利用する際には、利用料の有無を確認し、保護者の経済的負担に十分に配慮して、生成AIツールを選択することが必要。

※ 主な生成AIツールの規約及び設定、子供の発達の段階や特性を踏まえると、上記のような取組は当面中学校以上で行うことが適当である。小学校段階では、情報モラルに関する教育の一環として、教師が授業中に生成AIとの対話内容を提示するといった形態が中心になると考えられる。
※ 利用規約：ChatGPT…13歳以上、18歳未満は保護者同意　　Bing Chat…成年、未成年は保護者同意　　Bard…18歳以上

（５）生成AIの校務での活用（準備が整った学校での実証研究を推進）

● 民間企業等と同様、個人情報や機密情報の保護に細心の注意を払いながら、業務の効率化や質の向上など、**働き方改革の一環として活用**することが考えられることから、教員研修など準備が整った学校での実証研究を推進し、多くの学校での活用に向けた実践例を創出。

● 教師自身が新たな技術に慣れ親しみ、利便性や懸念点、賢い付き合い方を知っておくことが、近い将来に**教育活動で適切に対応する素地を作る**ことにも繋がる。

✓ 生成AIはあくまで「たたき台」としての利用であり、最後は教職員自らがチェックし、推敲・完成させることが必要であることは言うまでもない。

校務での活用例

児童生徒の指導にかかわる業務の支援
- 教材のたたき台
- 練習問題やテスト問題のたたき台
- 生成AIを模擬授業相手とした授業準備

学校行事・部活動への支援
- 校外学習等の行程作成のたたき台
- 運動会の競技種目案のたたき台
- 部活動等の大会・遠征にかかる経費の概算
- 定型的な文書のたたき台

学校の運営にかかわる業務の支援
- 報告書のたたき台
- 授業時数の調整案のたたき台
- 教員研修資料のたたき台
- HP等広報用資料の構成・たたき台
- 挨拶文や式辞等の原稿のたたき台

外部対応への支援
- 保護者向けのお知らせ文書のたたき台
- 外国籍の保護者へのお知らせ文書の翻訳のたたき台

4．その他の重要な留意点
（1）個人情報やプライバシーに関する情報の保護の観点

● 教育現場で生成AIを利用する際には、個人情報等の保護の観点を十分に踏まえることが必要

① 生成AIに入力した**個人情報やプライバシーに関する情報が生成AIの機械学習に利用**されることがあり、**生成AIから回答として出力されるリスク**がある。また、AIが**生成した回答に不正確な個人情報やプライバシーに関する情報が含まれるリスク**もある。

② 上記の点を踏まえ、学校教育においては、子供達が校内や家庭で利用する場合、教職員が授業や校務等で利用する場合のいずれにおいても、以下の点に留意することが必要。
> ・ 生成AIに指示文（プロンプト）を入力する際は、**個人情報やプライバシーに関する情報を入力しない**
> ・ AIが生成した**回答に個人情報やプライバシーに関する情報が含まれている場合**には、その**回答の利用は差し控える**
> ・ アカウントを設定し、使い始める際、入力した指示文（プロンプト）が**機械学習に利用されない設定とする**

③ なお、個人情報保護法との関係では、教職員が特定された**利用目的を達成するために必要最小限の範囲を超えて**個人情報(※1)を利用する場合や、当該個人情報が機械学習に利用される設定となっている場合には、同法違反となり得る。例えば、**以下のようなケースは違反となり得る**ことから、留意が必要（個人情報保護委員会「生成AIサービスの利用に関する注意喚起等」（令和5年6月2日）を参照）。
> ・ 教職員が**授業や校務とは無関係に興味本位で**生徒の個人情報を生成AIに入力した場合、たとえ機械学習に利用されないとしても、国立・私立学校の場合は第18条第1項、公立学校の場合は第69条第1項に違反する可能性がある (※2)
> ・ 教職員が成績情報を生成AIに入力し、これらの情報が当該生成AIの**機械学習のために利用される場合**、これらの情報について特定されている利用目的がたとえ生徒の成績評価のためであっても、国立・私立学校の場合は第27条第1項・第28条第1項に、公立学校の場合は第61条第1項・第69条第1項・第71条第1項に違反する可能性がある

(※1) 個人情報とは、生存する個人に関する情報であって、当該情報に含まれる氏名、生年月日その他の記述等により特定の個人を識別することができるもの等をいい、他の情報と容易に照合することにより特定の個人を識別することができることとなる場合も含まれる（公開・非公開を問わず該当する）ことに留意が必要。
(※2) 私立学校及び国立大学法人や公立大学法人が設置する学校は「個人情報取扱事業者」（第16条第2項）を対象とする民間規律が、その他公立学校には「行政機関等」（第2条第11項）を対象とする公的規律が適用される。適用される条文に留意が必要。

（2）教育情報セキュリティの観点

● 各学校及び設置者において、教育情報セキュリティポリシーガイドラインを踏まえた対応が必要

① ChatGPT、Bing Chat、Bard等は、約款内容を踏まえて利用を判断すべき**「約款による外部サービス」に分類**される。これらのサービスは特約を個別に締結することが困難であり、必要なセキュリティ要件を満たしているとは必ずしも言えない現状があることから、生成AIに指示文（プロンプト）を入力する際は、**要機密情報（※）を入力しないように取り扱うことが必要。**

(※) 要機密情報は、教育情報セキュリティポリシーに関するガイドライン（以下「ガイドライン」という。）で示す重要性分類Ⅰ～Ⅲ（セキュリティ侵害が、教職員又は児童生徒の生命、プライバシー等への重大な影響を及ぼすものや、学校事務及び教育活動の実施に重大又は軽微な影響を及ぼすもの。）に該当する情報を指す。要機密情報に該当しない重要性分類Ⅳは、外部公開されている公知情報が該当し、例えば、学校が運営しているHP等に掲示されている情報等が挙げられる（ガイドライン 1.3「情報資産の分類と管理方法」、1.9.4「約款による外部サービスの利用」を参照）

② また、「約款による外部サービス」に分類される生成AIを利用する場合、例えば、
> ・ 教職員が**指導者端末や校務用端末で私用アカウント**を用いて利用することや、学校内に**情報セキュリティ管理者である校長の許可なく私用端末を持ち込んで業務利用**すること
> ・ 設置者が発行する業務用アカウントで利用する場合であっても、**情報セキュリティ管理者である校長の指示に反した形で利用**すること

などは、学校の情報セキュリティ管理をすり抜ける行為であり、各学校設置者が定めるセキュリティポリシーに則り適切な対応を取ることが必要。

● 生成AIによっては、日本の法令が適用されない場合や係争時における管轄裁判権が日本国外になる場合もある。例えば、生成AIサービスの提供事業者と係争となった場合、仮に日本の法令が適用されず、管轄裁判権が日本国外である場合には、当該国の法令に基づき、当該国の裁判所で裁判を行う必要がある。このため、生成AIを利用する際には、日本の法令が適用されるかどうか、係争時における管轄裁判権が日本国内となるかどうかを確認の上、そのリスクを踏まえて利用を判断することが必要（ガイドライン 1.9「クラウドサービスの利用」特性3「グローバル展開」を参照）

● 令和5年6月26日時点で、ChatGPTとBardについては、適用法令・管轄裁判権は米国となっている

（3）著作権保護の観点

各学校において、著作物の利用に関する正しい理解に基づいた対応が必要

1．基本的考え方

- 著作権は、「**思想又は感情を創作的に表現した**」著作物を保護するもの。
単なるデータ（事実）やアイディア（作風・画風など）は含まれない。

- 他人の著作物の利用について、著作権法に定める権利（複製権や公衆送信権など）の対象となる利用（複製やアップロード）を行う場合には、**原則として著作権者の許諾が必要**となる。

- ただし、**私的利用**や、**学校の授業における複製**等においては、**著作権者の許諾なく利用可能な場合がある。**
  ※例えば、家庭で長期休業中の課題に取り組む際に、個人的に他人の著作物を複製する場合などは、著作権法では「私的利用」に該当する

2．学校における生成AI利用の留意点

- 学校においても、AIを利用して生成した文章等を利用する場合においては、**既存の著作物に係る権利を侵害することのないように留意**する必要がある。すなわち、生成物に他人の著作物との**類似性**（創作的表現が同一又は類似であること）及び**依拠性**（既存の著作物をもとに創作したこと）が**ある場合は著作権侵害となり得る。**

- 一方、**学校の授業**では、著作権法第35条により許諾なく著作物の複製や公衆送信ができるため、教師や児童生徒がAIを利用して生成したものが、**既存の著作物と同一又は類似のものだったとしても、授業の範囲内で利用することは可能**である。（参照：https://www.bunka.go.jp/seisaku/chosakuken/seidokaisetsu/）

- 他方、広く一般向けの**HPに掲載**することや、**外部のコンテスト**に作品として提出するなど、**授業目的の範囲を超えて利用する場合**は、**著作権者の許諾を要する。**

※生成AIによる生成物の利用については、サービス提供事業者の利用規約等により条件が付されている場合があるため留意すること。

【参考１】各学校で生成AIを利用する際のチェックリスト

- ☐ 生成AIツールの**利用規約を遵守**しているか（**年齢制限・保護者同意を遵守**しているか）
  - ChatGPT（OpenAI社）は13歳以上、18歳未満の場合は保護者同意が必要
  - Bing Chat（Microsoft社）は成年であること、未成年の場合は保護者同意が必要
  - Bard（Google社）は18歳以上であることが必要

- ☐ 事前に、**生成AIの性質やメリット・デメリット、情報の真偽を確かめるような使い方等**に関する学習を実施しているか

- ☐ **教育活動の目的を達成する上で効果的か否か**で利用の適否を判断しているか

- ☐ **個人情報やプライバシーに関する情報、機密情報**を入力しないよう、十分な指導を行っているか

- ☐ **著作権の侵害**につながるような使い方をしないよう、十分な指導を行っているか

- ☐ 生成AIに全てを委ねるのではなく**最後は自己の判断や考えが必要**であることについて、十分な指導を行っているか

- ☐ AIを利用した成果物については、**AIを利用した旨やAIからの引用をしている旨**を明示するよう、十分な指導を行っているか

- ☐ **読書感想文などを長期休業中の課題**として課す場合には、**AIによる生成物を自己の成果物として応募・提出することは不適切又は不正な行為**であること、**自分のためにならないこと**などを十分に指導しているか。**保護者に対しても、生成AIの不適切な使用が行われないよう**、周知・理解を得ているか

- ☐ 保護者の**経済的負担に十分に配慮**して生成AIツールを選択しているか

【参考2】主な対話型生成AIの概要

	ChatGPT	Bing Chat	Bard
提供主体	OpenAI	Microsoft	Google
利用規約上の年齢制限	13歳以上 18歳未満の場合は保護者同意	成年であること 未成年の場合は保護者同意	18歳以上
利用料	GPT3.5の場合は無料 GPT4の場合は20米ドル/月	無料	無料
プロンプトの機械学習の有無	有 ※機械学習をさせないようにする設定が可能	デフォルトで機械学習をさせない設定	有 ※機械学習をさせないようにする設定が可能
準拠法	米国カリフォルニア法	日本法	米国カリフォルニア法
管轄裁判所	米国カリフォルニア州 サンフランシスコ郡内の裁判所	日本	米国カリフォルニア州 サンタクララ郡内の裁判所

【ChatGPTに機械学習をさせないようにする設定方法】

①登録後、左上の赤枠内3本線を選択
②赤枠内「Settings」を選択
③赤枠内「Chat History & Training」をオフにする

※文部科学省調べ（6/30現在）

16/24

【参考3】今後の国の取組の方向性

今後、生成AIを適切に活用する能力の有無で格差が生じることが想定されることにも留意しつつ、関係機関・企業とも連携し、教育現場での適切な活用やルール化に関する知見を早急に蓄積し、学校教育の在り方の改善に活かしていく。

1. 知見の蓄積

- パイロット的な取組を推進し、成果・課題を検証
- 校務での生成AI活用に関する事例共有イベントの開催
- 様々なルールづくりの進展、科学的知見の蓄積、サービス内容や利用規約の変更、学校現場の優れた取組事例、幅広い関係者からのフィードバックなどを踏まえたガイドラインの機動的改訂

2. 教員研修の支援

- いわゆるファクトチェックなどの指導に関する授業動画教材の作成（関係団体とも連携）
- NHK for Schoolとの連携（生成AIを学ぶ授業動画への作成協力・学習指導要領の観点からの監修）

3. 開発企業への働きかけ

- 我が国の教育利用の観点からの製品の開発・改善を要請（例：フィルタリング機能の強化、個人情報保護機能の実装、教育用生成AIの開発、利用規約に関する考え方の整理等）
- 教育現場向け・保護者向け啓発資料や教員研修への協力を要請

4. 今後の教育の在り方の検討

- 生成AIの普及を踏まえ、これからの時代に必要となる資質能力をどう考えるか、そのために教育の在り方をどのように見直すべきか等については、今後、中央教育審議会等で更に検討を行う

17/24

【資料2】「初等中等教育段階における生成AIの利用に関する暫定的なガイドライン」への見解

2023年7月4日
特定非営利活動法人みんなのコード

　特定非営利活動法人みんなのコード（東京都港区、代表理事：利根川　裕太、以下みんなのコード）は、「誰もがテクノロジーを創造的に楽しむ国にする」をビジョンに掲げ、2015年の団体設立以来、小中高でのプログラミング教育等を中心に、情報教育の発展に向け活動してきました。生成AIに関する注目が高まっていることを受け、今年4月には「生成AIの初等中等教育でのガイドライン策定に向けた提言」*⁽¹⁾を発表しました。また、実際に、学校現場での生成AIを活用した授業等の実践を重ねてきました。

　こうした活動を評価していただき、文部科学省が本日7月4日に公表した「初等中等教育段階における生成AIの利用に関する暫定的なガイドライン」*⁽²⁾に関して、有識者としてヒアリング対象に選んでいただきました。今回のガイドラインは"暫定的"なものとして、機動的に改訂していくことが想定されています。

　そこで、みんなのコードが6月までに行った学校現場で得られた知見をもとに、今後のガイドライン改訂に向けて実践・議論の際に留意すべきポイントを4つに整理しました。これらをまとめた提言資料「『初等中等教育段階における生成AIの利用に関する暫定的なガイドライン』への見解」を発表します。

　教育現場の皆さまには授業を行う際の参考情報として、研究者・行政のみなさまには議論に活用していただけるよう、みんなのコードは、今後も実践の中で得られた知見を速やかに整理し、発信を続けていきます。

ガイドライン改訂に向けた実践・議論の際には、以下の4点に留意する必要がある

1. 情報活用能力を構成する資質・能力を偏りなく育成する
2. 既存の情報活用能力との接続を踏まえて、学習を考える
3. 適否判断を裏付ける原理原則を整理する
4. 実践や議論の際に、ジェンダーバランスを改善する

→ みんなのコードは、引き続き、学校現場での実践から得られた知見を発信するとともに、AI時代の教育の在り方をどのように見直すべきかについても言及し続けていく

13

*(1)2023年4月20日発表「生成AIの初等中等教育でのガイドライン策定に向けた提言」（https://code.or.jp/news/11333/）

*(2) 文部科学省「初等中等教育段階における生成 AI の利用に関する暫定的なガイドライン」（https://onl.sc/7kUszGQ）

▍生成 AI を活用した授業実践例

▶千葉県印西市立原山小学校

実施概要：5年生43名、総合的な学習、全8時間（うち生成 AI の実践は2時間）

実施内容：

　簡単な使い方と最低限の注意を説明した上で、子どもたちがそれぞれの端末で自由に生成 AIを体験し、気づきや疑問を共有しました。その後、しくみや特徴を理解した上で、再度体験を繰り返すことで、生成 AI のしくみを実感を伴って理解しました。

　なお、学校向け 生成 AI サービスを使用して安全面を担保したほか、生成 AI の利用について、事前に保護者からの同意を取得しました。

▶石川県加賀市立橋立中学校

実施概要：2年生9名、総合的な学習、全2時間

実施内容：

　原山小学校と同様に、まず ChatGPT を自由に使ってもらいました。その後、生成 AI のしくみや得意・不得意などを理解した上で、運動会のスローガンづくりや、地域の課題を解決する探究活動の一環として、金沢を訪ねる観光客向けのプランを、ChatGPT を活用しながら考えました。

　橋立中では、3人に一台の端末を割り当て、各グループに教員が1名ついて ChatGPT に触れる形をとりました。保護者の同意についても、事前に取得しました。

▌「初等中等教育段階における生成 AI の利用に関する暫定的なガイドライン」の次回改訂に向けた見解

　文部科学省が発表した今回のガイドラインは、「生成 AI が、どのような仕組で動いているかという理解や、どのように学びに活かしていくかという視点、近い将来使いこなすための力を意識的に育てていく姿勢は重要」と明言された点において、意義のあるものと考えております。

　一方、「一律に禁止や義務づけを行う性質のものではない」との記載はあるものの、生成 AI を活用した授業の適否事例が限定的だと感じています。「あくまでも例示であり、個別具体に照らして判断する必要がある」との注意書きがありますが、判断基準が不明瞭であるため、現場の実践をガイドラインに示されている事例だけに制限される可能性があるのではないかと危惧しています。

　私たちは原山小、橋立中の実践の中で、子どもたちが大人の想定をはるかに超える速度で活用し、より良いアウトプットを引き出すために工夫するなど、創造性を発揮しながら生成 AI を使いこなす姿を目の当たりにしました。

　生成 AI を活用したいと考える先生方に対して、「留意点に配慮しなが

ら、まずはやってみよう」と思えるようなガイドラインにする必要があります。そのためには、次期ガイドライン改訂に向けて、こうした実践から得られた知見を速やかに整理し、次の実践・議論へつなげていくことが必要です。

　そこで、今後の実践・議論の際に留意したい4つのポイントを整理しました。

①情報活用能力を構成する資質・能力を偏りなく育成する

生成AIは情報技術の一つであり、その学習は情報活用能力育成の一環として位置付けられます。児童・生徒が情報活用能力を身につけるためには、「知識及び技能」「思考力、判断力、表現力等」「学びに向かう力・人間性等」の3つの柱を偏りなく育成することが必要です

②既存の情報活用能力との接続を踏まえて、学習を考える

生成AIを他の情報技術の学習と切り離して扱ったり、児童・生徒の情報活用能力を考慮せずに学習に取り入れることは適切ではありません。既存の情報活用能力との接続を踏まえて学習を考えることが望ましいと考えます

③適否判断を裏付ける原理原則を整理する

現時点では、生成AIを活用する事例の適否を判断するための原理原則が明らかになっていません。パイロット的な取り組みなどから得られた成果・課題などを踏まえ、学校現場が適切に判断できる原理原則を整理していくことが必要です

④実践や議論の際に、ジェンダーバランスを改善する

今回のガイドライン作成に関わった有識者には、ジェンダーバランスの偏りが認められます。また、AIの学習データにおけるジェンダーバランスの問題も兼ねてから指摘されています。今後、パイロット校での実践や改訂に向けた議論においては、ジェンダーバランスの改善が必要です

▌みんなのコード 代表理事 利根川 裕太 コメント

　このたび、本日文部科学省より発表されました「初等中等教育段階における生成AIの利用に関する暫定的なガイドライン」において、有識者として選出いただけたことを誠に光栄に存じます。ひとえに、多くの学校現場のみなさまの協力があったからこそだと感じています。

　今回のガイドラインが、学校現場や関係者との議論において、良き道標となればという思いから、このタイミングでみんなのコードから見解を発表しました。

　今年4月に、みんなのコードから「生成AIの初等中等教育でのガイドライン策定に向けた提言」を発表して以来、各方面との議論を行うとともに、学校現場での実践を重ねてきました。そして、今回の見解を出すにあたり、みんなのコードの考えを整理してきた中で、これまでの観点に加え、ジェンダーバランスに課題があるのではないかといった新しい論点も見えてきました。

　引き続き、次期ガイドライン改訂に向けて、全国各地の小中高との研究、および関係者との議論を深め、AI時代における情報教育の充実に向けて邁進していきます。

【編者紹介】
特定非営利活動法人みんなのコード

「誰もがテクノロジーを創造的に楽しむ国にする」をビジョンに掲げ、2015年の団体設立以来、小中高でのプログラミング教育等を中心に、情報・テクノロジー教育の発展に向け活動を行っている。代表理事は利根川裕太。
https://code.or.jp

【各章担当】
安藤 祐介（CTO：第1章）
田嶋 美由紀（政策提言部/情報教育研究員：第2章）
釜野 由里佳（未来の学び探究部部長：第2章）
浜田 歩（広報：第3章、全体統括）

【執筆協力】
中島 佑馬（ビジネス系ライター）

学校の生成AI実践ガイド

── 先生も子どもたちも創造的に学ぶために ──

2023年12月20日　初版第1刷発行

編著者　　特定非営利活動法人みんなのコード
発行者　　安部 英行
発行所　　学事出版株式会社
　　　　　〒101-0051 東京都千代田区神田神保町1-2-5
　　　　　TEL：03-3518-9655　https://www.gakuji.co.jp
編集担当　二井 豪・若染 雄太・星 裕人

装丁・デザイン　　弾デザイン事務所
表紙イラスト　　　Studio-Takeuma
印刷・製本　　　　電算印刷株式会社